Jörg Zittlau

Die philosophische Rolltreppe

Kleines Lexikon der Denker und ihrer universellen Weltweisheiten

Deutscher Taschenbuch Verlag

Ungekürzte Ausgabe
April 2006
2. Auflage Oktober 2006
Deutscher Taschenbuch Verlag GmbH & Co. KG,
München
www.dtv.de

Umschlagkonzept: Balk & Brumshagen
Umschlagbild: Gerhard Glück
Satz: Druckerei C. H. Beck
nach einer Vorlage von Klaus Schneider
Druck und Bindung: Druckerei C. H. Beck, Nördlingen
Gedruckt auf säurefreiem, chlorfrei gebleichtem Papier
Printed in Germany
ISBN-13: 978-3-423-34291-9
ISBN-10: 3-423-34291-9

Inhalt

Vorwort

Eigentlich war das Leben vor 4000 Jahren gar nicht so schlecht. Man konnte drauflosleben und sich ungestört den alltäglichen Geschäften wie der Beschaffung von Nahrung, Geschlechtspartnern und einem Dach über dem Kopf widmen. Ansonsten war alles recht einfach. Niemand, der sich tiefere Gedanken etwa über Kunst oder neue Gardinen machte – geschweige denn über Moral und Gesetz. Recht hatte derjenige, der am stärksten war. Das war zwar Pech für die Schwächeren, aber übersichtlich und verständlich für jedermann. Und wenn es einem Schwächeren gelang, die Gunst der Stärkeren zu erhaschen, konnte er ebenfalls gut leben. Die Frauen etwa hatten zu dieser Zeit schon Bier und gutes Essen erfunden, weil das die Männer träge machte und sie vom Verprügeln der eigenen und vom Begatten fremder Frauen abhielt. Mit entsprechender Cleverness konnten also früher auch die körperlich Schwächeren komfortabel zurechtkommen.

Es war ein fast schon paradiesisches Leben. Zwar gab es manch Mühsal und Gefahren, doch dafür bestand kein Risiko, von irgend jemandem tot geschwätzt zu werden. Aber dann war auf einmal Schluss mit lustig. Die romantischen Stunden, in denen man singend, tanzend, schmatzend und rülpsend am Lagerfeuer saß – nur noch Geschichte. Denn es kamen Unruhestifter wie → **Thales**, → **Aristoteles**, → **Platon** und → **Laotse**, die partout über andere Dinge nachdenken wollten als die Trivialitäten des Alltags. Ihr Credo: Das Leben ist nicht nur zum Leben da, sondern muss auch erklärt werden. Und das nicht nur in ein paar gelegentlichen Geistesausbrüchen unter Alkoholeinfluss, sondern in groß angelegten Systemen. Wo kommt der Mensch her, wohin geht er? Was ist der Sinn des Lebens? Was ist Glück?

Was sind die letzten Werte? Was ist das Wesen aller Dinge? So lauteten nun die Fragen, die das menschliche Gemüt bewegen sollten. Vorbei die schönen Zeiten – das Zeitalter der großen Theorien war gekommen, und es hält immer noch an.

Warum nur?

Es war etwa die Zeit ums 6. und 5. Jahrhundert vor Christus, als es mit den großen Systemen und Welterklärungen losging – und zwar weltweit. Mit → **Kungfutse**, → **Buddha** und → **Laotse** im fernen Osten, und mit Thales, → **Pythagoras** und → **Heraklit** bei uns im Westen. Man kann nur spekulieren, warum man ausgerechnet zu dieser Zeit welterklärerisch tätig wurde. Eine wichtige Rolle spielten sicherlich die veränderten Lebensverhältnisse. Damals wuchs die Zahl der Menschen, die nicht für ihr tägliches Auskommen arbeiten mussten, weil sie für diese Trivialitäten genügend Sklaven hatten. Mit anderen Worten: Die Sklaven verschafften ihren Sklavenhaltern jene Freizeit und Muße (oder Langeweile), die notwendig ist, um sich ausgiebig und ernsthaft mit geistigen Kraftakten wie Philosophie, Astronomie und Mathematik zu beschäftigen.
Außerdem bemühte man sich, vor allem im antiken Griechenland, möglichst viele Bürger an politischen Entscheidungen teilhaben zu lassen – und dazu gehörte auch, die Leute reden zu lassen. Wer also mutige und abwegige Gedanken hegte, durfte sie auch in der Öffentlichkeit mehr oder weniger ungestraft vertreten und diskutieren, ohne dass man ihn gleich in den Kerker sperrte. Die zunehmende Meinungsfreiheit trug sicherlich entscheidend dazu bei, dass die Philosophen ausgerechnet im 5. Jahrhundert vor Christus so aktiv wurden.

Hinter jeder Theorie ein Leben

Doch Müßiggang und Meinungsfreiheit bilden lediglich die notwendigen Voraussetzungen für den Hang zur Welt-Erklärung, sozusagen die Basis, auf denen die großen Gedankenbauten errichtet werden. Errichtet aber werden die Bauten von konkreten Menschen. → **Nietzsche** sagte einmal, dass sich ein Mensch mit seinem Denken noch so sehr zum Himmel strecken könne, »zuletzt trägt er doch nichts davon als seine eigene Biographie«. Wer also das Leben eines Welterklärers kennt, der weiß auch schon eine Menge über sein Denksystem. Es ist kein Zufall, dass ausgerechnet → **Descartes** alles in Zweifel zog und nur noch das eigene Denken als Gewissheit übrig ließ – verbrachte er doch als Tag- und Nachtträumer den Großteil seines Lebens im Bett. Genauso ist es kein Zufall, dass → **Marx** zum schärfsten Kritiker des Kapitalismus wurde, litt er doch zeit seines Lebens unter chronischer Kapitallosigkeit. Oft sind es ganz banale persönliche Geschichten und Tragödien, die hinter den großen Systemen stecken. Leben und Werk sind stets eng miteinander verbunden, weswegen denn auch die Biographien der großen Theorienaustüftler in diesem Buch eine breite Plattform bekommen.

Sex ist immer und überall

Schaut man sich das Leben der großen Denker genauer an, stellt man fest, dass es sich meist um Sex und Frauen dreht. Sei es, dass bestimmte Frauen eine konkrete Rolle in dem jeweiligen Leben spielen, oder sei es dergestalt, dass dort eben keine Frau eine Rolle spielt und der betreffende Denker fürchterlich darunter leidet. Man denke nur an → **Schopenhauer**, der in seiner Philosophie die Erlösung vom »Gattungswillen« forderte, weil er eben selbst am meisten unter diesem Willen litt, den er niemals richtig befriedigen konnte. Oder an → **Marquis de Sade**, der wegen sexueller Andersartigkeiten viele Jahre in dunkle Kerker gesperrt wurde und die dortige Abgeschiedenheit nutzte, um seine besonderen Vorstellungen von Sado, Maso und Weltanschauung niederzuschreiben. Sex ist eben immer und überall – oberhalb der triebhaften Hirnareale, also in den grauen Zellen der Großhirnrinde. Die großen Welterklärer tun zwar oft, als wäre das bei ihnen nicht so, doch bei näherem Hingucken offenbart sich, dass gerade bei ihnen der Sex oft eine zentrale Rolle spielt, ja sogar als Motor ihrer Schaffenskraft dient. Und deswegen bekommt bei uns jeder große Welterklärer ein großes Kapitel zum Thema »Frauen« geschenkt.

Männer und Macht

Warum sind es eigentlich immer wieder Männer, die uns mit großen Theorien und Systemen beglücken? In diesem Buch steht insgesamt 39 Männern gerade mal eine Frau gegenüber, nämlich → **Maria Montessori**. Schon merkwürdig. Doch liegt das nicht etwa an unserer willkürlichen Auswahl, sondern daran, dass Welterklärungen etwas mit Kontrollsucht, mit dem »Willen zur Macht« zu tun haben. Wer dem Globus sein System aufdrücken will, der will ihn intellektuell beherrschen, und dieser Drang ist ganz klar Männersache – Frauen brauchen so etwas nicht, sie kommen auch so ganz gut mit dem Leben zurecht. Selbst Montessori passt eigentlich nicht zu solch herrschsüchtigen Großkopferten wie → **Hegel**, → **Einstein** und → **Newton**, doch wir haben sie mit ins Boot genommen, weil ihr Menschen- bzw. Kinderbild derzeit ein echter Renner unter den pädagogischen Theorien ist. Und weil sie fleißig mit den Faschisten ihrer Zeit kokettierte und damit einen der wesentlichen Charakterzüge der großen Welterklärer offenbarte. Nämlich den Hang, für das Wohl der eigenen Sache auch schon mal einen Pakt mit dem Teufel einzugehen. Wer richtig gute Menschen finden will, der muss sie eben woanders suchen als in diesem Buch.

Thales (etwa 624–546 v. Chr.): Kluge Sprüche und rechte Winkel

Leben

Thales wird in Milet geboren, als Sohn einer Kaufmannsfamilie. Als junger Mann ist er viel auf Reisen, vor allem im mittleren Orient, wo er sich sein detailliertes Wissen zu Astronomie, Philosophie und Mathematik erwirbt. Als er zurückkehrt, will ihn seine Mutter sogleich unter die Haube bringen, doch Thales weigert sich und beschließt, das Leben eines Philosophen zu führen. Seinen Geschäftssinn behält er jedoch bei. Als er eines Tages bemerkt, dass die Olivenernte besonders ergiebig zu werden verspricht, kauft er sämtliche Ölpressen der Umgebung auf, um sie zu satten Gebühren weiterzuvermieten. Ein cleverer Deal, der ihm die notwendige finanzielle Unabhängigkeit für seine Studien verschafft. Thales stirbt, als er gerade im Stadion einem Wettkampf zuschaut. Sport kann eben gefährlich sein, gerade für Philosophen.

Freunde

Thales ist bei seinen griechischen Landsleuten beliebt, er wird aber wegen seiner Neigung, sich um sinnlose Dinge wie Philosophie zu kümmern, auch gerne gehänselt. Als er eines Tages in einen Brunnen fällt, spottet eine Magd: »Thales will wissen, was im Himmel ist, doch es bleibt ihm verborgen, was vor ihm zu seinen Füßen liegt.«

Gegner

Als erster »hauptberuflicher« Philosoph des Abendlandes hat Thales keine Gegner. Selbst Jahrhunderte später bringen ihm → **Platon** und → **Aristoteles** noch höchsten Respekt entgegen – und die sind eigentlich dafür bekannt, dass sie ihre Kollegen gerne niedermachen.

Frauen

Thales hat mit Frauen nichts am Hut. Seine Mutter drängt ihn ständig zur Heirat, doch er antwortet nur: »Noch ist es nicht Zeit dazu.« Und als sie ihn später, als er schon älter ist, immer noch fragt, antwortet er: »Jetzt ist die Zeit vorüber.« So sollen sie sein, die *echten* Philosophen. → **Hegel** hätte für dieselbe Antwort wahrscheinlich ein ganzes Buch gebraucht.

Das System

Thales hat kein System. Angeblich soll er gesagt haben, dass alles Seiende seinen Ursprung im Wasser habe, doch das ist ihm wahrscheinlich in den Mund gelegt worden. Denn in Wirklichkeit brilliert er mit spontanen und klugen Antworten, nicht aber mit groß angelegten Theorien. Er ist noch kein großer Welterklärer, er ist aber der erste, der die Welterkenntnis zu seinem Lebenswerk macht. Der Erste, der die Welt beobachten und sie begreifen will, einfach aus Spaß an der Sache, ohne Hintergedanken wie Macht oder Gelderwerb. Und genau deshalb muss eine Geschichte der Welterklärungen und Patentrezepte mit ihm beginnen.

Thales' Trick

Als man Thales fragt, was das schwerste von allen Dingen sei, antwortet er: »Sich selbst kennen.« Und was ist das Leichteste? »Anderen kluge Ratschläge geben.« Die Frage schließlich, wie man am besten tugendhaft leben könnte, beantwortet er mit: »Indem wir niemals tun, was wir an anderen verurteilen.« Ein Dialog, wie er typisch ist für Thales, der seine Gedanken selbst niemals in ein Buch oder Ähnliches gepresst hat. Typisch für seinen Witz und Scharfsinn, typisch für seine Fähigkeit zur exakten Antwort. Der Philosoph als praxisnaher Lebensberater, der zwar viel denkt und dabei auch schon mal in Brunnen fällt, aber ansonsten auf unsere Fragen kurze, prägnante und vor allem brauchbare Antworten gibt. Das sind die Tugenden, die Thales zur historischen Größe machen.

Was gibt uns Thales heute?

Der Denker aus Milet ist uns vor allem durch den Satz des Thales (alle Dreiecke in einem Halbkreis haben an ihrem Scheitel einen rechten Winkel) bekannt: Einige Historiker halten ihn auch für den ersten aller Philosophen, doch das ist wohl eher falsch. In einem gewissen Sinne ist er sogar der letzte: Tatsache ist nämlich, dass mit dem Denker aus Milet die Philosophie als praktische Lebensklugheit Abschied nimmt. Denn nach ihm kommen die großen Systematiker. Kommen »Professoren« wie Platon und Aristoteles, die uns ein riesiges Werk hinterlassen und in uns – bei allem Respekt – vor allem eine Frage aufkommen lassen: »Wer um Himmels willen soll denn das alles noch lesen?« Thales hingegen ist der Meister der knappen und geistreichen Replik. Und genau das sollten wir heute, im Zeitalter der Vielschwätzerei, von ihm übernehmen: dass es nämlich durchaus Dinge im Leben gibt, die auch mal eine knappe Antwort verdient haben.

Pythagoras (etwa 570–497/96 v. Chr.): Harmonie ist alles

Leben

Schwer zu sagen, wie das Leben von Pythagoras tatsächlich verlaufen ist. Denn über ihn existieren unzählige Legenden, doch nur wenige gesicherte Fakten. Was wir wissen: Geboren wird er als Goldschmiedsohn auf der griechischen Insel Samos. Später lernt er bei ägyptischen Priestern Mathematik, bei den Chaldäern Astronomie und bei den Phöniziern Geometrie. Der persische Religionsstifter **Zarathustra** erzählt ihm, dass alles aus dem Kampf von Gut und Böse entsteht. Und Pythagoras will offenbar mal etwas intensiver in diesen Kampf hineinschnuppern, denn er kehrt zurück nach Samos, als Lehrer des Tyrannen **Polykrates**, des wohl bedeutendsten Piraten und Sklaventreibers seiner Zeit. Danach geht es weiter ins italienische Kroton, wo Pythagoras seine eigene Sekte gründet – und endlich als eigenständiger Philosoph und Mathematiker in Erscheinung tritt. Doch weil sich die Sekte auch in politische Geschäfte einmischt, gibt es reichlich Ärger. Am Ende wird Pythagoras vertrieben. Er flüchtet in einen Tempel, wo er sich angeblich zu Tode fastet.

Freunde

Pythagoras ist Moralist, und solche Leute haben wohl Verehrer, aber in der Regel kaum Freunde. Kein Mensch steht ihm wirklich nahe, und als Sektengründer findet er auch nur wenig Gnade bei anderen Philosophen.

→ **Aristoteles** etwa erwähnt ihn nur beiläufig und spricht dabei immer abfällig von den »so genannten Pythagoreern«.

Gegner

Pythagoras unterteilt die Menschen in zwei Klassen: die Mathematiker mit dem Recht, »Mathematha« – das Wissen – zu erwerben, und die Akusmatiker, die nur zuhören dürfen, und das auch nur, wenn es ihnen ausdrücklich erlaubt wird. So ein Elitedenken schafft natürlich Neid und Frust, vor allem bei denen, die draußen bleiben müssen. Es ist ein von den Pythagoreern abgewiesener Jüngling, der die Vertreibung der Sekte in die Wege leitet.

Frauen

Über die konkreten Beziehungen von Pythagoras zu den Frauen ist nur wenig bekannt. In seiner Zeit beim Tyrannen Polykrates wird ihm sicherlich das eine oder andere Mitglied des höfischen Dirnenstaates über den Weg gelaufen sein. Ansonsten predigt Pythagoras Enthaltsamkeit, ohne dabei aber zum Weiberhasser zu werden. Seine Sekte nimmt sogar Frauen auf. Die Pythagoreerinnen, gleichermaßen ausgebildet in Philosophie und Literatur wie in gesellschaftlichen und häuslichen Angelegenheiten, gelten im antiken Griechenland als idealer Frauentyp schlechthin. **Claudia Schiffer** hätte da keine Chancen gehabt.

Das System

Wir kennen von Pythagoras vor allem den Satz $a^2 + b^2 = c^2$. Darüber hinaus gibt es von ihm noch einige weitere Sätze der Mathematik, die er jedoch nicht als Selbstzweck oder begrenzte Fachwissenschaft versteht. Er stellt sie vielmehr in den Mittelpunkt seiner ganzen Philosophie. So steht für ihn fest: Hinter jedem Lebewesen steht eine ganz bestimmte Zahl, wie überhaupt sämtliche Naturerscheinungen von einer höheren Logik gesteuert werden. Die Entdeckung eines konstanten Verhältnisses zwischen der Länge der Saite einer Leier und den Grundakkorden der Musik (1 : 2 bei der Oktave, 2 : 3 bei der Quint und 3 : 4 bei der Quart) beeindruckt Pythagoras so stark, dass er Gott als großartigen Ingenieur und die Natur vom mathematischen Gesetz der Harmonie gesteuert sieht: »Welches Ding ist am weisesten? Die Zahl. Welches Ding ist am schönsten? Die Harmonie.«
Für Pythagoras sind Zahlen und Harmonie so wichtig, dass er sie sogar zu therapeutischen Zwecken einsetzt. So sollten auf Silberplättchen eingeritzte magische Quadrate gegen Pest, Cholera und Geschlechtskrankheiten schützen.

Pythagoras' Trick

Pythagoras gehört zu den bekanntesten Denkern der Antike, und das liegt nicht nur an seinem berühmten Dreieckssatz. Er ist nämlich auch ein Experte in Sachen Legendenbildung. So hat seine Sekte den Charakter eines Geheimbundes, dem nur wenige beitreten dürfen, und seine Schüler dürfen ihrem Meister erst nach fünf Jahren des Studiums erstmalig leibhaftig gegenüber treten. Außerdem darf in ihren Gesprächen niemals der

Name »Pythagoras« fallen, sondern nur der Ausdruck: »Autos epha« (Er selbst hat gesagt) – so ähnlich wie in christlichen Schriften das große »ER« steht, wenn von Gott die Rede ist. Schließlich achtet Pythagoras penibel darauf, sein philosophisches System frei von Widersprüchen zu halten. Als einer seiner Schüler die Existenz der irrationalen Zahlen (wie etwa die Wurzel aus 2 oder die Zahl Pi) zugeben will, die ja im Widerspruch zur pythagoreischen Zahlenharmonie steht, belegt ihn der Meister mit einem Fluch. Und der geht dann auch noch in Erfüllung: Der abtrünnige Jünger erleidet Schiffbruch und stirbt. Ob Pythagoras da etwas nachgeholfen hat, bleibt im Dunkeln.

Was bringt uns Pythagoras heute?

Ohne die Sätze des Pythagoras wäre Mathematik wohl unmöglich. Seine Theorie, wonach hinter jedem Wesen eine Zahl stehen würde, bringt uns allerdings nicht so recht weiter. Und am Flughafen wird man nach wie vor den Impfpass verlangen und sich nicht mit dem Vorzeigen von magischen Quadraten begnügen. Dass Harmonie und Schönheit etwas mit Mathematik zu tun haben, steht wiederum außer Frage. Wenn wir ein Gemälde sehen, in dem der Maler die Gesetze der geometrischen Proportionen ignoriert, fühlen wir uns irritiert. Wenn auf einer Gitarre geklimpert wird, die nicht bundrein ist und dadurch mit ihren diffusen Saitenlängen keine korrekten Töne mehr liefern kann, tun uns die Ohren weh. Und Wissenschaftler fanden heraus, dass wir jene Gesichter am attraktivsten finden, die besonders symmetrisch aufgebaut sind. Schön ist eben, was »mathematical correct« ist. Dies lehrt uns die Harmonielehre des Pythagoras, und es lohnt sich, beim nächsten Museumsbummel einmal darüber nachzudenken.

Gotama Buddha

(etwa 560–480 v. Chr.):

Bloß nicht zu sehr dran hängen!

Leben

Gotama wird als Prinz in edelste Verhältnisse hineingeboren, doch als er auf seinen Ausritten mit dem Leiden der Welt, mit Krankheit, Armut und Tod konfrontiert wird, zieht er in die Hauslosigkeit, um Erleuchtung zu finden. Er wird zum Bettler und Eremiten, schaut anderen Asketen zu, wie sie zwecks Erlösung vom Weltlichen die Luft anhalten und unter sengender Sonne meditieren. Am Ende bringt ihn eine rabiate Hungerkur fast ums Leben, doch die Erleuchtung kommt erst mit dem »Pfad der Mitte«, als Gotama seinen Körper nicht mehr als Feind betrachtet – und sich satt und entspannt unter einen Bodhi-Baum setzt. Hier erkennt er, dass Alter, Krankheit und Tod letzten Endes nur durch Begierden und den Willen zum Leben hervorgerufen werden und man Erlösung daher nur über Willenlosigkeit, das Aufgehen im Nirwana, erreichen kann. Nach einigem Zögern gründet er, von nun »Buddha« (der Erleuchtete) genannt, den Mönchsorden »Sangha«, um für die Verbreitung seiner Lehre zu sorgen. Buddha stirbt im Alter von 80 Jahren, kurz nachdem er – abweichend von seinen vegetarischen Essgewohnheiten – eine Portion Schweinefleisch gegessen hat.

Freunde

Buddha ist ein Meister der Menschenführung, er versteht es, im »Sangha« Frieden zu halten, ohne dabei Druck auszuüben. Wichtig ist ihm, dass seine Anhänger einen offenen Umgang pflegen, denn: »Der Regen lässt faulen, was eingepackt bleibt, aber nicht das, was offen daliegt.«

Gegner

Auf seinem Weg hat es Buddha – wie andere Religionsstifter auch – immer wieder mit Gegnern zu tun. Doch er begegnet ihnen niemals in Zorn und Hass, weil er weiß, dass gerade diese Gefühle für den sinnlosen Willen zum Leben stehen und nichts anderes als Leiden schaffen. Außerdem können die Gegner ja letzten Endes nichts dafür, dass sie Gegner sind: »Denn alle Umstände werden von anderen Umständen gelenkt, diese wiederum werden ebenfalls von anderen Umständen gelenkt, so gibt es nichts, was sich selbst lenkt. Sobald ich das erkannt habe, verspüre ich keinen Hass mehr gegen irgend etwas, das nur ein Trugbild meiner Vorstellung ist.« Klingt logisch. Ob diese Einstellung jedoch dazu taugt, in einer feindlichen Welt zu bestehen, ist fraglich. Als der **Dalai Lama** als aktuelles Oberhaupt der Buddhisten deren Heimatland Tibet kampflos den Chinesen überließ, erntete er selbst aus den Reihen seiner Anhänger harte Kritik.

Frauen

Buddha heiratet schon mit 16 Jahren seine Kusine und wird von seinem Vater auch sonst mit schönen Frauen ausgestattet. Nach seinem Wechsel zum Erleuchteten ist es mit solchen Vergnügungen freilich vorbei. Im »Sangha« sind Frauen zunächst ausgeschlossen. Erst nach eindringlichem Zureden lässt sich Buddha erweichen, sie als weibliche Mönche aufzunehmen.

Das System

Als er einmal gefragt wird, inwieweit der Mensch durch das Aufheben des Begehrens erlöst wäre, antwortet Buddha: »Kein Ding ist es wert, dass man daran haftet.« Ein Kernsatz der buddhistischen Philosophie. Denn bei näherer Betrachtung der Dinge zeigt sich immer wieder, dass sie ohne Wert und Bestand sind und deshalb keine Befriedigung geben können. Es hat deshalb keinen Sinn, ihnen anzuhaften, sie zu begehren oder sie – als Ausdruck negativer Begierde – zu hassen, ganz zu schweigen davon, dass diese Gefühle uns zu unfreien Knechten von Dingen und Menschen machen. Buddha verordnet deshalb unseren von Gier und Hass geschüttelten Seelen die Gleichgültigkeit. Und zwar nicht im Sinne von »scheißegal«, sondern im Sinn von *gleicher Gültigkeit*. Alle Dinge und Menschen sind demzufolge nicht wertlos, sondern sie besitzen sehr wohl einen Wert, doch ist dieser nicht höher oder niedriger als der alles anderen auf der Welt. Buddha ist also, auch wenn es ihm immer wieder vorgeworfen wird, keinesfalls ein Nihilist.

Buddhas Trick

Der Buddhismus steht irgendwo zwischen Religion und Philosophie, und das bildet seinen besonderen Reiz. Von den anderen Weltreligionen unterscheidet er sich, weil er uns keinen strafenden oder verzeihenden Gott aufdrückt und wir deshalb auch nicht für diesen Gott in den Krieg ziehen müssen. Und von den Philosophien unterscheidet er sich, weil er uns nicht mit ausgeklügelten Systemen quält und mit rhetorisch-logischer Kraft überzeugen will, sondern in seinen Worten sparsam bleibt und unserer Urteilskraft vertraut. Die späteren Zen-Buddhisten verzichten sogar komplett auf Sprache, um dadurch das Hängen an Begriffen zu überwinden. So etwas kann natürlich für heutige Seelen, die ja permanent mit irgendwelchem Geschwätz zugeschüttet werden, wie ein echter Balsam sein.

Was gibt uns Buddha heute?

Tibet als ursprüngliche politische Heimat des Buddhismus wurde von den Chinesen brutal aufgelöst, die Buddhisten leben heute überall auf der Welt. In den letzten Jahren finden sich auch in unseren Breiten immer mehr Anhänger, und das nicht nur in der esoterischen Plüschhosen-Fraktion, sondern auch unter »harten Managern«, wo man sich für die entspannenden Meditationen genauso erwärmt wie für die buddhistische Theorie des Nicht-Anhaftens. Die Chancen für den Erfolg einer Handlung sind eben umso größer, je weniger man an ihren Erfolg oder Misserfolg denkt; am besten, man vollzieht sie einfach nur. Oder anders ausgedrückt: Wer unberührt und locker bleibt, erntet fettere Renditen. Bleibt die Frage, was Buddha dazu gesagt hätte.

Laotse (etwa 6.Jahrhundert v. Chr.): Nichtwissen will gelernt sein

Leben

Das persönliche Leben Laotses liegt im Dunkeln von Legenden. Da gibt es keine Schule und auch keine Jünger, wie etwa bei seinem Landsmann und Zeitgenossen → **Kungfutse**. Selbst sein Name ist ein Kunstprodukt, steht er doch für »Verfasser des Tao-de-Jing, des Buches vom Weg und der Sittlichkeit«. Dessen 5000 Worte soll Laotse einem Grenzposten übergeben haben, als er seine Heimat, die chinesische Provinz Tschou, verlässt, um in die Einsamkeit zu gehen. »Sein Streben war, sich selbst zu verbergen und ohne Namen zu bleiben«, erzählt ein chinesischer Geschichtsschreiber. Niemand weiß, wo Laotse nach seinem Abschied geblieben und schließlich gestorben ist.

Freunde

Im Unterschied zum Konfuzianismus (→ Kungfutse) findet Laotse mit seinem System in China nur wenige Anhänger, und die meisten von ihnen sind zunächst Einsiedler, die sich lieber acht Aufgüsse aus grünem Tee zubereiten, als politisch oder gesellschaftlich aktiv zu werden. In jüngerer Zeit allerdings findet der Taoismus immer mehr Anhänger in esoterischen Kreisen des Abendlandes – wobei es oft zu argen Verfälschungen der ursprünglichen Lehre kommt.

Gegner

Laotse ist Metaphysiker, er beschäftigt sich also mit Dingen, die nicht von dieser Welt sind und sich nur wenigen Menschen nach tiefem In-sich-Gehen erschließen. Dies hat den Vorteil, dass man mit »normalen weltlichen Menschen« nur wenig aneckt. Laotse und sein System haben daher nur wenige echte Feinde.

Frauen

Die Frau als konkretes Lebewesen spielt im Taoismus keine Rolle, wohl aber das »Ewig-Weibliche«. Und das steht in hohem Ansehen als »Ausgangspforte und Wurzel von Himmel und Erde«: »Endlos drängt sich's und ist doch wie beharrend, in seinem Wirken bleibt es mühelos.« Laotse antizipiert hier schon deutlich die (zwei Jahrhunderte nach ihm entstandene) Philosophie des Tai Chi, in der dem männlichen Yang das Yin gegenübersteht, als weibliches Prinzip von Beharrlichkeit und mühelosem Wirken, das weniger ein Tun als ein effektives Nicht-Tun ist. Weiblichkeit also als Passivität – ein Gleichnis, das in der Philosophie immer wieder anzutreffen ist. Für Laotse ist jedoch das effektive Handeln durch Nicht-Tun von zentraler Bedeutung für die Entwicklung des Menschen hin zur Vollkommenheit, und deswegen kann man ihn getrost als den ersten Feministen der Weltgeschichte bezeichnen.

Das System

Laotses Kernbegriff ist das Tao, der unfassbare Urgrund der Welt. Unfassbar heißt: Man kann es nicht in Worte fassen, weil es nicht aus anderen Dingen ableitbar und mit nichts anderem vergleichbar ist. »Das ewige Tao hat keinen Namen«, erklärt Laotse, und: »Ich weiß seinen Namen nicht, nenne es aber Tao.« Insofern nun das Tao unbegreiflich ist, ist »Erkennen des Nichterkennens« das Höchste, was wir an Erkenntnis gewinnen können. Ein Satz, der uns in ähnlicher Form später auch noch bei Sokrates begegnen wird. Doch er hinterlässt natürlich einen schalen Beigeschmack. Denn wenn wir wissen, dass wir vom Tao nichts wissen und nie etwas wissen werden – was soll dann das Ganze überhaupt? Laotses Antwort: Wir müssen das Tao *erfühlen.* Und zwar dadurch, dass wir uns von allem befreien, was uns vom Weg des Tao ablenkt. Was nicht heißen soll, dass wir uns in radikaler Askese von der Welt abwenden. Sondern wir sollen sehr wohl mitten in der Welt stehen und wirken, aber so, dass wir gleichsam »nicht von dieser Welt« sind. Wir sollen also reden, handeln, Geld verdienen und auch lieben, aber ohne von den Dingen und Menschen Besitz nehmen zu wollen, und auch ohne dass sie von uns Besitz nehmen. Also reinfühlen anstatt reindenken in die Welt, und sie nicht mit allen Mitteln beherrschen wollen, sondern sie sanft auf uns einpendeln lassen. Das alles klingt nicht unbedingt hart und männlich, sondern eher weich und weiblich. Doch Laotse hat damit keine Probleme: »Denn auch das Wasser ist weich und schwach, und doch ist es dem Starken und Harten an Wirkung weit überlegen.«

Laotses Trick

Erst erzählt uns Laotse, dass da ein Urgrund des Daseins ist, nämlich das Tao. Dann erzählt er uns, dass wir dieses Tao nicht erkennen oder auch nur besprechen, sondern nur erfühlen können. Und damit nimmt er natürlich allen Kritikern den Wind aus den Segeln, denn deren Kritik kann ja nur über Worte erfolgen. Jetzt könnten wir natürlich einwenden, dass wir uns alle Mühe gegeben hätten, das Tao zu erfühlen, und am Ende doch wieder nichts gefühlt hätten. Was wird uns Laotse darauf antworten? Er wird uns sagen: Das Tao findet man nicht über Mühen, sondern nur über Mühelosigkeit. Übt euch in Mühelosigkeit, und ihr werdet es finden. Und wir werden schamvoll den Kopf senken, und uns den Kopf martern, wie man denn um Himmelswillen Mühelosigkeit trainieren kann. So ist eben Laotse. Da gibt es keine Aha-Erlebnisse, sondern geistige Kopfnüsse. An ihm prallt die abendländisch-intellektuelle Anmache ab wie der Ping-Pong-Ball am Schläger eines chinesischen Tischtennisweltmeisters. Und das hat schon irgendwie Klasse.

Was gibt uns Laotse heute?

Laotse zeigt uns die Grenzen des Verstands, und er bezaubert uns mit der These, dass sich das Wesen des Daseins weniger über rationale Erkenntnis als über das Einfühlen und die rechte Lebenseinstellung erschließen lässt. Schade nur, dass er immer mehr von Esoterikern in Beschlag genommen wird. Denn die halten sich schon für taoistische Meister im Einfühlen und intuitiven Erfassen des Wahren, nur weil es ihnen drastisch an Verstand und Urteilskraft fehlt. Dabei will Laotse diese beiden Stützpfeiler des Denkens keineswegs auflösen, er plädiert sogar dafür, sie immer wieder zu trainieren. Denn: »Lernen ist wie Rudern gegen den Strom. Hört man damit auf, treibt man zurück.«

Kungfutse (551–479 v. Chr.):

Wenn ich König von China wär' …

Leben

Kungfutse (bisher meist als Konfuzius bekannt) stammt aus einem Adelsgeschlecht, und sein Name steht für »Meister aus dem Geschlechte der Kung«. Schon in jungen Jahren gründet er seine eigene Schule, die so erfolgreich wird, dass man ihm immer wieder öffentliche Ämter anträgt. Er lehnt jedoch ab: »Nicht das soll einen bekümmern, dass man kein Amt hat, sondern dass man dafür tauglich werde.« So ergreift Kungfutse erst mit 50 Jahren sein erstes Amt, als Justizminister in seinem Heimatstaat Lu (der heutigen chinesischen Provinz Shantung). Zunächst erfolgreich, muss er dann doch seinen Hut nehmen, weil der Hofstaat die gestrengen Grundsätze des Ministers nicht mehr hinnehmen will. Kungfutse verschwindet für 13 Jahre in der Wanderschaft, um schließlich wieder ehrenhaft – wenn auch ohne Amt – von seiner Heimat aufgenommen zu werden. Er stirbt im Alter von 72 Jahren, letzten Endes frustriert darüber, mit seinem moralischen System ohne Einfluss auf das politische Geschehen geblieben zu sein.

Freunde

Kungfutse ist strenger Moralist, und als solcher hat man nur wenig Freunde. Im 3. Jahrhundert vor Christus werden seine Bücher sogar verbrannt, weil man sie als Bedrohung für die staatliche Autorität betrachtet. Danach jedoch entdeckt man, dass er eigentlich kein Revolutionär ist, sondern vorzüglich dazu taugt, vorherrschende Hierarchien zu stabilisieren. Seine Beliebtheit wächst, und schließlich wird er sogar zum Heiligen, dessen Nachfahren geadelt werden – mit der Folge, dass sich auf einmal Tausende zu seinen Nachkommen erklären.

Gegner

Jeder, der Spaß am Leben hat, wird an Kungfutse nicht viel finden können. Dogmatische Ideologen können allerdings auch nichts mit ihm anfangen. So beginnt mit der chinesischen Revolution 1911 die »Entthronung« Kungfutses. Bei näherem Hinsehen sind jedoch auch im Maoismus noch deutliche Spuren seiner Lehre zu entdecken.

Frauen

Kungfutse hat wohl eine Frau in seinem Leben, doch Näheres darüber wissen wir nicht. Was nicht erstaunen darf. Denn in seiner Philosophie steht »Nan Dsi« (der Mann) für das Prinzip der Verantwortlichkeit, im Unterschied zu »Nü Dsi«, dem weiblichen Prinzip der Ähnlichkeit: »Die Frau ist also die, die durch Belehrung dem Mann ähnlich wird.« Ehefrauen haben laut Kungfutse nicht das Recht auf Selbstbestimmung, »sondern die Pflicht zu dreifachem Gehorsam«: zu Hause dem Vater gegenüber, in der Ehe dem Gatten gegenüber und nach dessen Tode dem ältesten Sohn gegenüber – und aus dem Haus dürfen sie ohnehin nicht. Wie man sieht, ist Kungfutse nicht unbedingt ein Mitbegründer der Frauenbewegung.

Das System

Willkürliche Fürsten, korrupte Beamte sowie starre, auf Erbfolgen basierende Hierarchien – das ist die Welt, in der Kungfutse lebt und die er ändern will. Wobei er sie auch nicht zu sehr ändern will, »denn ich liebe das Alte und bin dem Alten treu«. Und so beabsichtigt Kungfutse nicht etwa, die Hierarchien abzuschaffen, sondern sie nur auf eine neue Basis zu stellen. Nämlich auf die Basis der Moral: Je vollkommener die Sittlichkeit eines Menschen, desto größer soll seine Macht in der Gesellschaft sein. Das hört sich gut an, doch der Philosoph lässt es sich natürlich nicht nehmen, Moral nach seinem Gutdünken zu definieren. Und darin spielt die Frau allenfalls die Rolle eines Stubenwellensittichs mit Haushaltspflichten, und neben Nächstenliebe und Menschlichkeit fordert er von den Mächtigen auch noch Selbstzucht, Ernst und sittliche Strenge gegenüber dem Volk. Dies sind Charaktereigenschaften, die Kungfutse selbst im Übermaß besitzt, weswegen er für seine Zeitgenossen geradezu »eine bedrückende Vollkommenheit« ausstrahlt. Das kann man natürlich als Einheit von Denken, Reden und Handeln interpretieren, man darf aber auch unterstellen, dass Kungfutse eigene Charaktereigenschaften zum Maßstab einer von ihm akzeptierten Hierarchie macht, um in ihr besser nach oben klettern zu können. Für diese These spricht, dass er vor Ehrgeiz brennt, politisch die Zügel in die Hand zu nehmen. So richtig gelungen ist ihm das freilich nie.

Kungfutses Trick

Mit seinen moralischen Grundsätzen schafft es Kungfutse – während seines Lebens wie auch posthum – immer wieder, die Lager zu polarisieren. Die einen wünschen ihn Lichtjahre von der Erde weg, die anderen verehren ihn als Heiligen, und beide Seiten kriegen sich wegen ihrer Differenzen mitunter derart in die Haare, dass Blut fließt. Und genau das hat seine Lehre so lebendig gehalten. Was wieder einmal zeigt, dass man sich auch mit Schein- und Binsenweisheiten in die Ewigkeit singen kann, wenn sich nur welche finden, die sich deswegen die Köpfe einschlagen.

Was bringt uns Kungfutse heute?

Der chinesische Meisterdenker wird immer wieder gerne zitiert. Und die Zuhörerschaft nickt ehrfürchtig, wenn sie die Zitate hört. Die wenigsten wissen jedoch, dass dem Kungfutse ein dogmatisch-feudales System vorschwebt, in dem das Individuum zum Gegenstand degradiert und die Frau zu Hause eingesperrt wird. Von daher: Mit Sprüchen wie »Am Rausch ist nicht der Wein schuld, sondern der Trinker« mag uns Kungfutse in geselligen Kneipenrunden seine Dienste erweisen, doch würde sein System zur politischen Realität, gäbe es in den Kneipen keine Frauen mehr, und wahrscheinlich gäbe es auch keine Kneipen mehr. Und deswegen können wir Kungfutse nicht wirklich lieb haben.

Heraklit (etwa 540–480 v. Chr.): Alles fließt, und ich bin mittendrin

Leben

Heraklit kommt aus Ephesos, einer griechischen Stadt an der ionischen Küste. Er ist ein ausgesprochener Menschenverächter: »Der Mensch ist schlecht.« Heraklit rühmt sich, nie einen Lehrer gehabt zu haben, und er selbst bildet auch keine Schüler aus. Auch sein einziges Buch, »Über die Natur«, ist im Orakelstil geschrieben und für den Normalbürger eher unverständlich – selbst → **Sokrates** gibt später zu, nicht alles davon verstanden zu haben. Weswegen Heraklit als »ho skoteinos«, der Dunkle, in die Geschichte eingeht. Im Alter von 60 Jahren erkrankt er an Wassersucht. Er vergräbt sich in Kuhmist, in der Hoffnung, durch dessen Hitze das Wasser austreiben zu können. Der Versuch misslingt. Angeblich kommt er aus dem Mist nicht mehr heraus, so dass er am Ende von herumstreunenden Hunden gefressen wird.

Freunde

Als Menschenverächter hat man keine Freunde. Außerdem fristet Heraklit seine letzten Jahre als Einsiedler, der nur noch von Kräutern und Wasser lebt, ohne Kontakt zu irgend jemandem.

Gegner

Heraklit übernimmt, obwohl ihm wegen seiner edlen Abstammung hohe Posten zustehen würden, niemals ein einziges Amt. Der Vorteil daran: Er kriegt niemals Ärger. Er ist eben ein Sonderling, den die Griechen seiner Zeit eher anschauen wie eine seltene Tierart: mit einer Mischung aus Respekt und Verwunderung.

Frauen

Frauen existieren für Heraklit kaum. Im Alltag meidet er sie ganz, und in seinem Werk erwähnt er nur so weit, dass sie in permanentem Kampf mit den Männern stehen. Und dass dieser Kampf einer von vielen ist, aus denen schließlich die Welt entsteht.

Das System

Der Kernsatz in Heraklits System lautet: *Panta rhei*, alles fließt. »Kein Mensch kann zweimal in denselben Fluss steigen«, erklärt er. Denn beim zweiten Mal sind bereits neue Wasser herangeströmt, und auch wir sind nicht mehr derselbe, der wir beim ersten Mal waren. Nichts bleibt, wie es ist. Alle Dinge ändern sich, und zu ihnen gehört auch der Mensch. Doch Heraklit wäre kein echter Philosoph, wenn er mit dieser Beschreibung des Daseins enden würde. Und so vermutet er hinter den Dingen eine Ursubstanz, nämlich das Feuer. Indem es aufflackert und wieder verlöscht, bringt es die Welt mit ihren Gegensätzen hervor. Wobei Heraklit das Feuer im symbolischen Sinne von »Urenergie« versteht. Und das große Gesetz, nach dem sich aus dieser Urenergie die Vielheit der Welt entfaltet, ist der Kampf der Gegensätze. Im Kampf zwischen Idee und Idee, Mensch und Mensch, Krankheit und Gesundheit, Mann und Frau, Vater und Sohn gestaltet sich die Ganzheit der Welt. Der Krieg ist also »der Vater aller Dinge«, jedes Ding bedarf zu seiner Existenz seines Gegenteils: Gesundheit empfindet man nur im Kontrast zur Krankheit, das Gute nur im Kontrast zum Bösen und das eigene Leben nur im Kontrast zum eigenen Tod. Deswegen, so Heraklit, sei es unsinnig, nach ewigem Frieden zu trachten. Denn das wäre das Ende aller schöpferischen Spannungen und damit das Ende der existierenden Welt. Mit diesem Entwurf erteilt Heraklit den Religionen mit ihren Versprechungen vom ewig friedvollen Paradies eine klare Absage und entlarvt sie als widernatürliche Hirngespinste, die nichts anderes wollen als den Untergang des Daseins. Kein Wunder, dass Heraklit später von → **Nietzsche** aufgegriffen wird, dem Propheten vom »Tod Gottes«.

Heraklits Trick

Heraklit hat einmal erklärt: »Mich selbst habe ich erforscht.« Seine Erkenntnisse sind also weniger das Werk eines Naturforschers (auch wenn sein Buch »Über die Natur« heißt) als die eines Menschen, der den Blick auf sein eigenes Innenleben richtet. Und weil es ihm gelingt, sich dabei nahezu komplett von den Mitbürgern und anderen äußeren »Störfaktoren« abzukapseln, gelangt er bei seinem Tauchgang in die Seele zu Tiefen, in denen sich die individuellen Unterschiede auflösen und die Menschen immer ähnlicher werden. Tiefen also, in denen das Wesen des Menschen an sich zu Hause ist. Deswegen verspüren wir bei Heraklit, mag er auch noch so dunkel daher kommen, eine so tiefe Seelenverwandtschaft. Seinem »Panta rhei, alles fließt« wollen wir einfach nur zustimmen, nicht, weil uns die reifliche Überlegung dazu geführt hätte, sondern weil uns dieser Satz so unendlich vertraut vorkommt. Und genau diese Vertrautheit ist es, die Heraklit wohl auch in 2000 Jahren noch seine Aktualität verschaffen wird.

Was gibt uns Heraklit heute?

Der »Dunkle aus Ionien« ist zwar ein grantiger Menschenverächter, doch keiner erklärt so wie er, was wir immer wieder spüren, aber nur selten verstehen können. Dass nämlich alles vergänglich ist und dass wir kein Ding ohne sein Gegenteil denken können. Durch Heraklit wird uns klar, warum uns der Techno-Beat unserer Kinder einfach nicht gefallen will – weil beim ersten musikalischen Eintauchen der Fluss eben noch **Janis Joplin** hieß, beim zweiten aber schon **Britney Spears**. Und wir verstehen, warum wir uns oft am gesündesten fühlen, wenn wir uns von einer schweren Krankheit erholt haben, weil eben erst die erlebten Gegensätze die Welt in unser Bewusstsein bringen. Heraklit bringt uns also tatsächlich weiter im Erkennen der alltäglichen Welt – und das kann man sonst nur von wenigen Philosophen und Welterklärern behaupten.

Sokrates (470–399 v. Chr.)**:**

Die Nervensäge aus Athen

Leben

Sokrates hat nichts Schriftliches hinterlassen, so dass wir in Bezug auf seinen Lebenslauf den Überlieferungen anderer vertrauen müssen. Doch das fällt schwer. Denn die bedeutendsten Sokrates-Biographen heißen **Xenophon** und → **Platon**, und während der Erste den Philosophen als rechtschaffen und beredt, aber auch als scheinheilig und obrigkeitshörig beschreibt, übertreibt Platon in die andere Richtung: Liest man seine »Dialoge«, muss man sich fragen, ob Platons Held wirklich die Ideen des Sokrates ausdrückt oder nicht doch die seines von sich selbst begeisterten Autors.
Gesichert ist: Sokrates wächst in Athen als Sohn eines Steinmetzes auf und erlernt dieses Handwerk auch selbst. Was eigentlich auch gut zu seinem Äußeren (Boxernase, gedrungener Körperbau, Specknacken, Hände wie Baggerschaufeln) passt. Dennoch treibt er sich lieber auf den Straßen herum, um dort seine Landsleute anzusprechen und ihnen durch philosophische Diskurse ihre eigene Unwissenheit vor Augen zu führen. Er ist ein nervtötender Exzentriker, den das Establishment hasst, die gebildete Jugend jedoch verehrt. Ein **Rudi Dutschke** im Antik-Format sozusagen. Mit dem Unterschied allerdings, dass Sokrates ein Patriot ist und sich in diversen Kriegen durch Tapferkeit auszeichnet. Dennoch verurteilen ihn am Ende die Athener Richter wegen angeblicher »Gottlosigkeit« zum Tode durch den Schierlingsbecher.

Freunde

Sokrates nervt, und deswegen hat er nur wenige Freunde, doch die kommen meist aus gutem und gebildetem Haus. Zu einigen von ihnen, wie etwa dem Jüngling **Alkibiades**, werden ihm sogar homoerotische Beziehungen nachgesagt. In jedem Falle schützen ihn seine einflussreichen Freunde eine Weile vor den Anfeindungen des Establishments. Doch auch die können nicht mehr helfen, als Sokrates vor Gericht allen Ernstes vorschlägt, dass man ihn nicht zum Tode verurteilen, sondern ihn auf Kosten des Staates in den Prytaneion (eine Mischung aus Ruhmeshalle und Rathaus für ein paar Auserwählte) aufnehmen solle. Wer den Richtern mit solchen Sprüchen begegnet, darf nicht unbedingt mit Gnade rechnen.

Gegner

Sokrates' ärgster Feind ist – so paradox es klingt – das Volk der Demokratie, der Demos. Denn die Mitglieder einer Gesellschaft, in der jeder seine Meinung sagen darf, ertragen es nur schwer, wenn man ihnen vor Augen hält, dass ihre Meinung eigentlich nur wenig taugt und bei näherem Hinsehen aus bloßen Vorurteilen und Halbwahrheiten besteht.

Frauen

Es gibt wohl keine Philosophenfrau, die so bekannt ist wie die des Sokrates: **Xanthippe**. Schwer zu sagen, ob sie wirklich die biestige Zicke ist, die ihrem Gemahl die Hölle heiß macht. → **Friedrich Nietzsche** jedenfalls sagt dazu: »Tatsächlich treibt ihn Xanthippe in seinen eigentümlichen Beruf immer mehr hinein, indem sie ihm

Haus und Heim unhäuslich und unheimlich macht.« Sokrates mithin als Vertriebener, der sich nicht nach Hause traut und deshalb auf der Straße Leute anquatscht. Andererseits hat Sokrates über seine Frau nie ein böses Wort fallen lassen. Als sie ihm einen Eimer Wasser über den Kopf schüttet, bemerkt er nur: »Ich wusste, dass auf das Donnergrollen Xanthippes früher oder später mal Regen folgen würde.« Nur einmal ereilt ihn so etwas wie ein genereller Frauenfrust. Als ihn ein Freund fragt, ob er heiraten solle oder nicht, antwortet er nämlich: »Was du auch tust, du wirst es bereuen.«

Das System

Sokrates versteht sich selbst als Maieutiker – als eine Art Hebamme, die den Menschen zur Geburt ihrer eigenen Gedanken verhilft. Dazu stellt er den Leuten auf der Straße harmlos klingende Fragen wie »Weißt Du, was Tugend ist?«, und wenn sie dann leichtfertig mit Ja antworten, verstrickt er sie in einen philosophischen Diskurs, der von ihrer ursprünglichen Gewissheit nichts mehr übrig lässt. Am Ende bleibt nur noch eine Weisheit, nämlich: »Ich weiß, dass ich nichts weiß.« Wobei Sokrates diesen Satz nicht im resignativen Sinn versteht, sondern als Aufforderung, alles zu hinterfragen und fortwährend die Wahrheit zu suchen.
Sokrates' schärfste Waffen im Zertrümmern selbstgefälliger Scheingewissheiten sind seine Ironie und seine Fähigkeit, Begriffe gegeneinander auszuspielen. Als man ihm vorwirft, nur an Dämonen, nicht aber an Götter zu glauben, antwortet er: »Und wer sind denn diese Dämonen? Ungeratene Söhne der Götter! Du behauptest also, dass ich nicht an Götter glaube, sondern nur an ihre Söhne. Das ist doch, als sagtest du, dass ich an die Fohlen, nicht aber an die Pferde glaube.« Klar, dass

Außenstehende darüber grinsen. Doch derjenige, der in solcher Weise vorgeführt wird, fühlt sich nicht etwa – wie Sokrates es wünscht – zu Selbstzweifeln angespornt, sondern meistens einfach nur verarscht. Und genau dieses Gefühl hat die Athener veranlasst, Sokrates zum Tode zu verurteilen.

Sokrates' Trick

Sokrates lebt in Armut und Bescheidenheit, und er stirbt aufrecht, ohne von seiner Überzeugung zu lassen. Als man ihm die Flucht aus der Todeszelle ermöglichen will, beharrt er auf Vollstreckung: »Ich gehe in den Tod und ihr ins Leben. Wer von uns das bessere Schicksal hat, das wissen nur die Götter.« Aus solch einem Stoff sind Helden und Märtyrer geschnitzt, und denen glaubt man bekanntlich eher als einem Durchschnittsmenschen.
Außerdem besticht Sokrates weniger durch seine Statements als durch seine Fragen. Und die kann man kaum anfechten, denn fragen kann ja schließlich jeder alles. Nicht zuletzt deshalb bleibt es Sokrates weitgehend erspart, von der philosophischen Nachwelt zerpflückt zu werden.

Was gibt uns Sokrates heute?

Sokrates führt uns vor, auf wie wackligen Beinen unsere Gewissheiten stehen und dass unser Denken und Reden oft nichts anderes ist als heiße Luft. Insofern ist er heute eigentlich wichtiger denn je. Allerdings hat man gegenwärtig keinen Erfolg, wenn man als Edelpenner herumläuft und die Leute auf der Straße anspricht. Und ob Sokrates freiwillig zusammen mit **Verona Feldbusch** auf einer Talkshow-Couch Platz nehmen würde, muss bezweifelt werden – da geht er doch lieber zurück zu seiner Xanthippe.

Demokrit (etwa 470–360 v. Chr.): Als Atome noch die Guten waren

Leben

Im Unterschied zu vielen anderen Philosophen ist Demokrit kein ewiger Nörgler und Trübsalbläser, sondern eine echte Frohnatur. Sein schallendes Lachen ist in Griechenland so berühmt, dass er in intellektuellen Kreisen immer wieder angefeindet wird: »Demokrit stammt aus Abdera, wo die Idioten geboren werden.« Im Volk jedoch ist er beliebt, man schätzt neben seinem Humor vor allem seine »seherischen« Fähigkeiten. Die Freundin des → **Hippokrates** begrüßt er einmal mit »Sei gegrüßt, mein Mädchen!« und am Tag darauf mit »Sei gegrüßt, Weib!« – und tatsächlich hat das Mädchen in der Zwischenzeit ihre Unschuld verloren. Für freudlose Zeitgenossen kennt Demokrit nur Mitleid, denn für sie sei »das Leben nicht ein langes Leben, sondern eher ein langes Sterben«. Er selbst stirbt, darf man den Quellen vertrauen, im gesegneten Alter von 109 Jahren.

Freunde

Demokrit hat nie richtig gearbeitet, weil er zunächst reich geerbt hat und später von seinen Brüdern durchgefüttert wird. So ein Müßiggängertum verschafft bekanntlich nur wenig Freunde. Dennoch: Die Griechen spüren, dass der lebensfrohe und spottende Demokrit ihnen näher ist als »verkopfte« Moralapostel wie → **Platon** und → **Aristoteles**, und deshalb gelangt er zu großem Ruhm.

Gegner

Die Intellektuellen der griechischen Antike verachten Demokrit, weil er ihnen zu fröhlich ist – und zudem permanent über die damals üblichen Geister- und Seelenlehren spottet. Einer seiner Hauptgegner ist Platon, der sogar versucht, die Schriften des Demokrit verbrennen zu lassen. Glücklicherweise bleiben seine Bemühungen erfolglos.

Frauen

Demokrit ist weder ein Asket noch ein Freund von Ausschweifungen. Er ist ganz einfach ein sinnesfreudiger Mensch, was schon ungewöhnlich genug ist für den Berufsstand der Philosophen. Im späten Alter soll er sich per Blendung selbst das Augenlicht genommen haben, weil er es nicht mehr erträgt, all die schönen Frauen zu sehen, die er als Greis nicht mehr lieben kann.

Das System

Demokrit und sein Lehrer **Leukipp** sind die Erfinder der Atomlehre. Demzufolge besteht die Welt aus unendlich vielen und kleinsten, nicht mehr teilbaren Partikeln. Diese so genannten Atome bewegen sich seit ewigen Zeiten im leeren Raum, um sich immer mal wieder zusammenzufügen und dabei Gegenstände und Lebewesen zu bilden. Die sind jedoch auch gleich wieder zum Untergang verurteilt, weil Atome sich nämlich nicht nur zusammenfinden, sondern sich auch gegenseitig abstoßen können. Mit anderen Worten: Jedes Ding, und damit auch der Mensch mitsamt seiner Seele, ist das Produkt von Atomen, die sich zusammengefunden haben, und es ist zum Untergang verurteilt, weil diese Atome sich irgendwann wieder zerstreuen werden. Bleibt die Frage, wer bestimmt, wann und wie das alles geschieht. Ein Schöpfergott ist es nicht, sagt Demokrit, denn da müsste man ja auch wieder fragen, wer ihn geschaffen hat. Der Zufall soll es jedoch auch nicht sein, denn den hält Demokrit für »eine Erfindung, die unsere Unkenntnis verhüllen soll«. Ursache für die Teilchenbewegungen sei vielmehr ein dem Seienden innewohnendes Gesetz, das aber – eben, weil es innewohnend, also immanent ist – dem Betrachter meistens verborgen bleibt.

Demokrits Trick

Der Trick des Demokrit besteht darin, dass er auf uralte Menschheitsfragen handfeste, materielle Antworten gibt. Warum ist die Welt so vielfältig? Weil sie aus unendlich vielen Atomen besteht, die sich nach einem ihnen immanenten Gesetz zusammenrotten. Warum ist alles zum Untergang verurteilt? Weil Atome sich nicht nur zusammenfinden, sondern auch gegenseitig abstoßen. Und warum ist letzten Endes doch nicht alles zum Untergang verurteilt? Weil nicht die Atome an sich verloren gehen, sondern nur ihre Konstellationen. Unserer Welt wird also später mal eine andere Welt folgen, die dann auch wieder durch eine andere abgelöst wird und so weiter. Prinzipiell ist es also möglich, dass irgendwann die jetzige Welt und damit auch wir wiederauferstehen werden. Ein echter Trost für alle Materialisten, die nicht an Gott und ewige Seelen glauben wollen.

Was bringt uns Demokrit heute?

Demokrit wirkt bis heute, die modernen Naturwissenschaften wären undenkbar ohne ihn. Und er hilft uns auch im Alltag weiter. Wer etwa seinem neugierigen Kind erklären will, warum die Dinge so sind, wie sie sind, und wie sie entstehen und wieder vergehen, der wird mit Demokrits Lehre vom Zusammenfinden und Abstoßen der Atome mehr Gehör finden als mit dem religiösen Geschwafel von vergänglichen Körpern, unsterblichen Seelen und allmächtigen Göttern. Denn ein Atom kann man erklären, indem man einen Apfel in immer kleinere Stücke zerteilt. Doch erklären Sie mal einem Sechsjährigen die Unsterblichkeit und Unsichtbarkeit einer menschlichen Seele ...

Hippokrates (etwa 460–375 v. Chr.): Alles eine Frage der Balance

Leben

Geboren wird Hippokrates auf der griechischen Insel Kos, als Nachfahre eines alten Ärztegeschlechts. Ansonsten wissen wir von seinem Leben nur wenig. Das Wichtigste: Er sammelt sein Heilwissen in erster Linie auf seinen Weltreisen, die er als praktizierender Arzt unternimmt. Und er gründet später die nach ihm benannte Medizinschule in Kos. Was er aber ganz sicher nicht getan hat, war die Niederschrift des sogenannten Hippokratischen Eides. Dessen Urheber ist eine kleine Ärztesekte, die zwar zeitgleich mit Hippokrates auftaucht, sich aber ansonsten an den Lehren des → **Pythagoras** orientiert. Nichtsdestoweniger hinterlassen Hippokrates und seine Schüler ein Werk von 70 Einzelschriften, die auch ohne den Eid von historischer Bedeutung sind.

Freunde

Kaum ein Denker der Antike genießt einen so vollendet guten Ruf wie Hippokrates. Allerdings muss einschränkend gesagt werden, dass wir nur sehr wenig über sein Leben wissen und oft auch nicht bekannt ist, welche der hippokratischen Schriften wirklich aus seiner Feder stammen.

Gegner

Ärzte haben zu Zeiten des Hippokrates noch nicht jenes Image, das sie heute besitzen. Sie gelten als reisende Handwerker, die in besonderem Maße das Vertrauen des Volkes gewinnen müssen. Kommt ein Patient trotz ihrer therapeutischen Bemühungen zu Tode, kann es sein, dass man ihnen nachstellt und sie sich davonmachen müssen. Deswegen prüft auch Hippokrates vor der Behandlung eines Patienten genau, ob es überhaupt noch sinnvoll ist, sich um ihn zu kümmern. Fälle, die ihm nicht therapierbar erscheinen, lehnt er ab, und er rät auch anderen Ärzten, dies zu tun. Was auf den ersten Blick grausam klingt, ist aus der Sicht der damaligen Ärzte absolut nachvollziehbar. Und außerdem: Es ist sicherlich nicht grausamer, einem unheilbar Kranken die Therapie zu versagen, als ihn – wie es heute praktiziert wird – mit allen technischen Mitteln am Leben zu halten.

Frauen

An sich spielen Frauen im Leben und Werk des Hippokrates keine sonderliche Rolle, sieht man mal davon ab, dass er die Hysterie als Folge eines wandernden Mutterkuchens und damit als ausschließliche Frauenerkrankung begreift. → **Platon** greift diesen Gedanken später in drastischer Weise auf, indem er die Gebärmutter als »Tier« bezeichnet, »das glühend nach Kindern verlangt« und andernfalls für ernste psychische und körperliche Krankheiten sorgt. Mit anderen Worten: Der Sinn im Leben einer Frau besteht im Kinderkriegen, und wenn es damit nicht klappt, packt sie der Irrsinn. Antiker Chauvi-Schwachsinn? Na ja, es gibt auch heute noch Leute, die so denken.

Das System

Hippokrates versorgt nicht nur die Ärzte mit genauen Verhaltensrichtlinien, sondern auch die Patienten. Und hier zeigt er, dass er weit über den Tellerrand eines bloßen Mediziners hinauszublicken weiß. Denn für ihn steht fest, dass uns Gesundheit nur bedingt in die Wiege gelegt wird, sondern wesentlich von unserer Lebensführung abhängt. Und hier gilt: Je mehr Balance, desto weniger haben Krankheiten eine Chance. Gesundheit hängt also ab von der Ausgewogenheit in den einzelnen Lebensbereichen, etwa im Schlafen und Wachen, im Arbeiten und Ruhen, im Essen und Trinken, im Liebesleben und der Enthaltsamkeit, in der geistigen Beanspruchung und der Muße. Hippokrates ist Gegner aller einseitigen Exzesse – gleichgültig, ob sie in Richtung Begierde oder Askese gehen. Der enthaltsame Tugendbold ist ihm nicht weniger suspekt – und nicht weniger anfällig für Krankheiten – als der unersättliche Giersack. Die hippokratische Sicht des Menschen hat eben einzig und allein dessen Gesundheit im Visier, und deshalb verzichtet sie auf moralische Klassifizierungen und Vorverurteilungen. Nur wenigen Welterklärern ist es nach Hippokrates gelungen, ähnlich offen und unvoreingenommen zu bleiben wie er.

Hippokrates' Trick

Blutdruckmessgeräte, EKGs und EEGs, Ultraschall- und Röntgenuntersuchungen? All das ist Hippokrates unbekannt, er kennt auch nicht Bakterien und Viren. Dennoch ist er als Arzt ungemein erfolgreich, denn wäre er es nicht gewesen, hätte er zu seiner Zeit mit Verbannung oder Schlimmerem rechnen müssen. Sein Erfolgsrezept: Er sieht Krankheit und Gesundheit nicht mehr als Gottesgaben an wie seine Vorgänger, er sieht sie aber auch nicht als bloße Folgen von äußeren Faktoren (Krankheitserreger, Gifte etc.), wie es die wissenschaftliche Medizin nach ihm tut. Er behält vielmehr den ganzen Menschen mit seiner Lebensführung im Blick – er versucht, nicht nur die Krankheit zu verstehen, sondern vor allem den Menschen, der diese Krankheit hat. Heute wird so etwas vollmundig als ganzheitliche Medizin bezeichnet – für Hippokrates existiert schlichtweg keine seriöse Alternative, etwas für unsere Gesundheit zu tun.

Was gibt uns Hippokrates heute?

Er hinterlässt uns zwar nicht den hippokratischen Eid, dafür aber Sätze wie »Wohlbeleibte Menschen sterben eher als magere« und »Wo Menschenliebe ist, da ist auch Liebe zur Kunst«. Und er zeigt uns, dass Gesundheit und Krankheit wesentlich davon abhängen, wie wir unser Leben in die Balance bringen. Die moderne Psychosomatik und Stressforschung hat diese Theorie in den letzten Jahren nur bestätigen können. Eigentlich höchste Zeit, dass wir diese Erkenntnisse endlich in unser tägliches Leben einfließen lassen.

Platon (427–347 v. Chr.):
Wie viel Weisheit steckt in einer Höhle?

Leben

Das Leben Platons wird zunächst einmal von Enttäuschungen geprägt. Als ambitionierter Sprössling einer alten Adelsfamilie will er hinein in die große Politik, doch die Athener Demokratie ist zu seiner Zeit nur noch eine Karikatur ihrer selbst, durchzogen von Korruption und Dekadenz. Und dann kommt das Horrorereignis schlechthin, als man Platons Freund → **Sokrates** zum Tode verurteilt. Der junge Aristokrat fährt daraufhin nach Sizilien zum Tyrannen **Dionysos**, dem er ein Jahr lang vergeblich versucht, Manieren beizubringen. Der Despot verschleppt den Philosophen sogar auf eine Galeere, um ihn auf dem Sklavenmarkt zu verkaufen: »So viel Wert hat ein Philosoph, und er weiß es nicht einmal.« Platon wird von einem Freund freigekauft und gründet dann, zwei Kilometer vor den Toren Athens, seine berühmte Schule, die Akademie. Er stirbt mit 80 Jahren auf einem Hochzeitsbankett. In seinem ganzen Leben hat ihn kein einziger Mensch jemals lachen gesehen.

Freunde

Platon ist ein strenger Moralist, und als solcher hat man Anhänger, aber nicht viele Freunde. Auch seine »platonische Liebe« strebt nicht nach Sinnlichem und noch nicht einmal nach der Vereinigung der Seelen, sondern nach der Schönheit an sich, nach der Idee des Schönen.

Auf so einer Grundlage können normale Menschen in der Regel keine Beziehung aufbauen.

Gegner

Platon hat eine Menge Gegner, und viele davon macht er sich selbst. So fährt er insgesamt dreimal nach Sizilien, um dort Einfluss auf die Politik zu nehmen, und jedes Mal kann er froh sein, mit dem Leben davonzukommen. Darüber hinaus prügelt er mit seiner rhetorischen Gewalt pausenlos auf Andersdenkende ein, vor allem auf → **Demokrit**. Dessen Schriften versucht er sogar, verbrennen zu lassen.

Frauen

Der Namenspatron der »platonischen Liebe« ist ein erzkonservativer Verächter der Frauen, denen er – als dem schwächeren Geschlecht – vor allem Heimtücke und Verschlagenheit unterstellt. Es passe deswegen zu ihnen, »versteckt und im Dunkeln zu leben«, und dort solle man sie am besten auch belassen. Und die Ehe? Auch dort sieht Platon keinen Platz für Liebe, und schon gar nicht für die platonische. Der höhere Ehesinn sei die Zeugung und Aufzucht von wohlgeratenen Kindern, und deswegen sei es Aufgabe des Staates, die rechten Partner zusammenzuführen. Platon selbst bleibt zeit seines Lebens ledig.

Das System

Platon hält nicht viel von Büchern. Auch das innere Wesen seiner Lehre hält er für unübermittelbar, »darüber gibt es keine Schrift von mir, und es wird auch nie eine geben, weil es sich nicht wie anderes, was man erlernen kann, in Worte fassen lässt«. Dennoch hinterlässt er uns ein riesiges Schrifttum, in dem zu den unterschiedlichsten Angelegenheiten diskutiert wird. Platons zentraler Gedanke ist aber sicherlich seine Ideenlehre, wie sie im berühmten »Höhlengleichnis« formuliert wird. Demzufolge ist die sichtbare Welt nichts anderes als eine Welt von Schatten, die von der Sonne an die Höhlewand geworfen werden und die wir Höhlenbewohner für wahr halten, weil wir ja nichts anderes kennen. Tatsache ist jedoch, so Platon: Die wahre Welt befindet sich außerhalb der Höhle, dort wo die Sonne scheint. Es sind die Ideen, und die befinden sich auf einer Pyramide, wobei an der Spitze die Ideen mit dem höchsten Seinsanspruch und ganz unten jene mit dem geringsten Seinsanspruch stehen. An der Spitze: die Idee des Guten. Darunter die moralischen Werte wie Gerechtigkeit und Tugend, darunter wiederum die Mathematik, und ganz unten schließlich die Ideen der in der Natur vorkommenden Dinge, also der Hund an und für sich, die Sonne an und für sich, und so weiter. Und für Platon steht auch fest, wer sich mit welchen Ideen beschäftigt: Philosophen wie er arbeiten nämlich an der Pyramidenspitze, während sich die Naturwissenschaftler mit der schnöden Basis beschäftigen dürfen. So zeigt man den konkurrierenden Denkern von der Biologen- und Physikerfront gleich, wo der Hammer hängt.

Platons Trick

Platons Grundkonzept lautet: Die normale Welt ist eine Schattenwelt, ein Abklatsch der eigentlichen Ideenwelt, und darin geht es auch wieder hierarchisch zu, mit dem Guten ganz oben und den Ideen der sinnlichen Welt ganz unten. Platon lässt also die Welt nicht so, wie sie ist, sondern er gibt ihr Strukturen und Hierarchien, egal, ob sie das will oder nicht. So etwas kommt an bei frustrierten Intellektuellen, die in der Welt nicht zurechtkommen und ihr deshalb – mit dem maßlosen Anspruch, die eigentliche Elite zu repräsentieren – ihren Stempel aufdrücken wollen. Ein genialer Schachzug von Platon. Denn frustrierte Intellektuelle wird es immer geben, und deswegen hat er zweifelsohne für die Ewigkeit geschrieben.

Was bringt uns Platon heute?

Schöngeister, Philosophieprofessoren, Deutschlehrer, Literaturpäpste und andere angebliche Kulturträger schwärmen immer wieder, wie großartig Platons Werk ist. Doch muss man sich deshalb erbärmlich fühlen, wenn man schon bei den ersten Zeilen vom »Phaidon« Gähnkrämpfe verspürt und lieber **Clint Eastwood** im Fernsehen guckt? Nein, gewiss nicht. Denn Platon war ein lebensuntüchtiger Theoretiker und schrieb für seinesgleichen. Der normale Mensch jedoch kann in seiner schattigen Höhlenwelt auch ohne Platon glücklich werden: Besser als Schattenmännchen auf ein Schattenweibchen hopsen und anders herum, als sich draußen in der grellen Sonne beim Grübeln das Hirn zu verbrennen.

Aristoteles (384–322 v. Chr.): Selbstverwirklichung ist alles

Leben

Aristoteles wird in Makedonien als Sohn eines königlichen Leibarztes geboren. Als 17-Jähriger besucht er → **Platons** Akademie, wo er 20 Jahre bleibt – erst als Schüler, später als Lehrer. Nach Platons Tod verdingt er sich in Kleinasien als »Haus- und Hofdenker« bei einem Tyrannen, dessen Adoptivtochter **Pythias** er auch gleich zu seiner Frau nimmt. Danach geht es weiter nach Makedonien, als Erzieher vom aufmüpfigen Königssohn **Alexander**. Als der schließlich auszieht, um zu »Alexander dem Großen« zu werden, geht der Philosoph zurück nach Athen, um dort eine eigene Schule zu gründen: das Lykeion. Ihr Ruhm überstrahlt schon bald den der platonischen Akademie, doch als Alexander im fernen Asien stirbt, wird Aristoteles als makedonischer Kollaborateur verdächtigt. Die Beweise reichen freilich nicht aus, und so bezichtigt man ihn – wie einst → **Sokrates** – der Gotteslästerung. Im Unterschied zum berühmten Vorbild sucht Aristoteles jedoch lieber das Weite. Denn er hält nichts von traditionellen Philosophentugenden wie Märtyrertum und Askese, legt eher Wert auf bequeme Lebensführung und leckeres Essen: »Zur Glückseligkeit gehört auch, dass man ausreichend Anteil an den Gütern der Welt hat.« Kein versponnener Kopfmensch eben, sondern ein realistischer Weltenbürger. Aristoteles stirbt im Alter von 62 Jahren an einem Magenleiden.

Freunde

Aristoteles ist zwar ein eher spröder Geselle, gewissermaßen einer der ersten Professoren der Weltgeschichte, doch er weiß die Menschen für sich einzunehmen. Seine Schule ist schon nach wenigen Jahren deutlich beliebter als die des Platon, und er muss Athen nicht etwa verlassen, weil er die Bevölkerung provoziert hätte, sondern weil man sich bei Alexanders Tod plötzlich daran erinnert, dass ja auch Aristoteles zu den verhassten Makedoniern gehört.

Gegner

Auch wenn Aristoteles ein großer Verehrer Platons ist, zählt er doch zu dessen energischsten Kritikern. Gerade den metaphysischen Spekulationen seines Meister kann er nur wenig abgewinnen, und seine Kritik geht so weit, dass der alternde Platon später einmal beklagt: »Aristoteles hat gegen mich ausgeschlagen, wie es junge Füllen gegen die eigene Mutter tun.« Aristoteles selbst wird später, als erfolgreicher Gründer einer eigenen Schule, zum Opfer von schweren Verleumdungen, die er jedoch überaus gelassen hinnimmt: »Wenn ich abwesend bin, kann man mir ruhig auch Peitschenhiebe verpassen.«

Frauen

Aristoteles hält nichts von philosophischer Einsiedelei. Er heiratet zweimal: erst Pythias und nach deren Tod seine junge Haushälterin **Herpyllis**. Wobei die letzte Heirat eigentlich erstaunlich ist, alldieweil der Philosoph in seinen Schriften von jungen Frauen abrät, weil die »im Beischlaf gar zu zügellos« seien. Ansonsten akzeptiert er das Verhältnis von Mann und Frau als Naturgesetz: »Es ist notwendig, dass sich jene Wesen verbinden, die ohne einander nicht bestehen können.«

Das System

Aristoteles hat neben philosophischen auch zahlreiche naturwissenschaftliche Werke verfasst, deren Erkenntnisse freilich aus heutiger Sicht überholt sind. Wie etwa die Vermutungen, wonach Rebhühner durch den Atem des Menschen und Mäuse durch das bloße Lecken von Sand befruchtet würden. Von bleibenderem Wert ist da sicherlich die aristotelische Philosophie der Entelechie. Demnach strebt alles Seiende nach Entfaltung seiner ureigensten Möglichkeiten, die Welt drängt es also durch und durch nach Selbstverwirklichung und Vollkommenheit. Für den Menschen heißt das: Auch er soll sich verwirklichen, also zu dem werden, was ihm vom Wesen her vorgegeben ist. Bleibt die Frage, worin dieses Wesen besteht. Laut Aristoteles ist es der *Logos*, also Vernunft und Einsicht. Nicht Weltbeherrschung, sondern Welterkenntnis ist für Aristoteles der Sinn des menschlichen Daseins. Und sie soll auch sein tägliches Handeln bestimmen. Für Aristoteles ist das menschliche Handeln erst dann sittlich einwandfrei, wenn es nicht von blinden Leidenschaften, sondern vom sehenden Logos geleitet wird. Nur das garantiere, dass der Mensch sich nicht selbst zerstört.

Aristoteles' Trick

Es ist vor allem ein Trick, der Aristoteles für uns so überzeugend macht. Nämlich die Geschichte mit der Selbstverwirklichung, die ja heute, im Zeitalter von Selbsterfahrungsreisen und »Ich-bin-ein-brennender-Busch«-Seminaren, noch viel aktueller ist als im antiken Griechenland. Aristoteles unterstellt nämlich mit dieser Geschichte dem Menschen prinzipiell ein gutes Wesen, denn sonst würde es ja keinen Sinn machen, dieses Wesen zur Entfaltung bringen zu wollen. Und so etwas hört man natürlich gerne. Wer würde schon freiwillig 3000 Euro für eine Selbsterfahrungsreise in die Toskana berappen, wenn er wüsste, dass er sich bei diesem Trip als Monster oder als unendlich langweiliges Mittelmaß erfährt?

Was bringt uns Aristoteles heute?

Der griechische Denker hat ungeheuren Einfluss auf das Denken des Abendlandes, das ganze Mittelalter steht praktisch in seinem Schatten. Nicht zuletzt auch deshalb, weil Aristoteles am Ende das Streben nach Vollkommenheit mit dem Streben nach Göttlichem identisch setzt. Streichen wir nun diesen letzten Zusatz weg, bleibt für uns auch heute noch etwas übrig. Dass unser Leben nämlich nur dann glücklich und erfüllt ist, wenn wir das Mögliche in uns ausloten und nach dessen Umsetzung trachten. Egal, ob es klappt oder nicht. Denn allein schon im ernsthaften Versuch, vollkommen zu werden, liegt bereits ein hoher Grad an Vollkommenheit. Denken Sie das nächste Mal daran, wenn gerade mal wieder ein »Das kann ich doch ohnehin nicht« durch Ihren Kopf geistert.

Epikur (341–271 v. Chr.): Ein Leben für die Lust

Leben

Epikur verbringt seine Kindheit auf der griechischen Insel Samos, später geht er als Soldat nach Athen, wo er vermutlich die ersten Kontakte mit Philosophengrößen wie → **Aristoteles** knüpft. Andererseits legt er immer großen Wert auf seine denkerische Unabhängigkeit, beschimpft auch schon mal andere Philosophen als »ungebildete Gesellen« und »geistige Hurenböcke«. Epikur hält sich lieber ans gemeine Volk und unterhält Kontakte zu Prostituierten und Sklaven, was ihn im Establishment eine Menge Feinde beschert. Hinzu kommt, dass er die Lust und ihre angemessene Befriedigung ins Zentrum seines Denkens rückt, was als »political incorrect« gilt. Dabei ist Epikur alles andere als ein ausschweifender Lüstling. In einem Brief erzählt er, wie sein Körper überströmt vor Leichtigkeit, »wenn ich von Brot und Wasser lebe«, und dass er auf »die Freuden des prachtvollen Lebens« spucken würde, weil die ohnehin nur Ärger einbrächten. Der Philosoph stirbt denn auch nicht während einer Orgie, sondern an einer Nierenkolik, im Alter von 70 Jahren.

Freunde

Epikur hat viele Freunde, und ihre Schar wächst, als der Meister schon lange tot ist. Berühmte Wissenschaftler und Staatstheoretiker wie → **Newton**, → **Galilei**, → **Hobbes** und → **Rousseau** zählen zu seinen bekennenden Fans, und → **Karl Marx** schreibt über ihn seine Doktorarbeit.

Gegner

Epikurs Feinde sind vor allem Intellektuelle, die auf Schöngeister und Moralisten wie → **Platon** und die Stoa (→ **Stoiker**) abfahren und jede Nähe zum Volk für staatszersetzend halten. Man verleumdet Epikur als Lustmolch, bei dem die Nutten ein- und ausgehen und junge Männer zur Prostitution verführt werden. Auch soll er sich zweimal am Tag erbrechen, um im Magen Platz für neue Speisen zu schaffen. Nichts davon stimmt, doch es reicht, dass die Epikureer am Ende fast überall verjagt werden. In Kreta bestreicht man sie sogar mit Honig, um sie danach den Bienen und Ameisen zum Fraß auszusetzen.

Frauen

In Epikurs Schule haben auch Frauen Zutritt, was für damalige Verhältnisse eine Ungeheuerlichkeit ist und allerlei Spekulationen lostritt. Tatsache ist jedoch, dass Epikur zu Liebe und Sex nicht jenes unbefangene Verhältnis findet, wie man ihm das als Lust-Philosoph eigentlich zutrauen könnte. Da ist ihm einfach zu viel unberechenbare Ekstase im Spiel: »Die Liebesdinge haben noch niemals genützt; man muss zufrieden sein, wenn sie nicht geschadet haben.«

Das System

Epikur ist wie → **Demokrit** der Ansicht, dass die Welt gottlos und ganz aus dem natürlichen Zusammenhang der Dinge erklärbar ist. Zwar leugnet Epikur nicht die Götter an sich, doch er hält es für unlogisch, dass sie als wahrhaft unabhängige Wesen in die Welt eingreifen. Deswegen soll sich auch der Mensch nicht um die Götter kümmern, sondern lieber um den vollen Genuss seines irdischen Lebens. Freie Fahrt also für das Genießertum, den Hedonismus. Von Exzessen freilich will auch Epikur nichts wissen, denn die bereiten nur Kummer, machen den Menschen zu einem von Furcht, Langeweile und Gier regierten Knecht: »Schlafe besser ohne Angst auf einem Lager aus Blättern als unruhig in einem Bett aus Gold.« Die maßvolle Befriedigung der irdischen Gelüste ist es, um die es Epikur geht, und gesellschaftliches Ziel soll es sein, dass alle Menschen gleichermaßen daran teilhaben können. Spätestens hier wird klar, wie Marx in seiner Doktorarbeit zu Epikur zu seinen ersten kommunistischen Thesen kommen konnte.

Epikurs Trick

Epikur redet von Lust und Genuss, und damit lenkt er den Blick auf Dinge, die den Menschen sympathisch sind. Außerdem sind sie leichter nachvollziehbar als etwa das »Ding an sich« von → **Kant**. Sympathisch ist auch, dass Epikur nicht Exzesse, sondern eine maßvolle Befriedigung der Lüste fordert, wobei er allerdings die Erklärung schuldig bleibt, wie er sie bewerkstelligen will. In der Natur vorgesehen ist sie jedenfalls nicht. Moderne Laborexperimente haben nämlich gezeigt, dass Ratten, wenn man sie zwischen einem Essen und dem Erleben eines Orgasmus wählen lässt, fast immer das Sexerlebnis wählen und dafür sogar bereit sind, zu verhungern.

Was bringt uns Epikur heute

Epikur lehrt: »Der Anfang und die Wurzel alles Guten ist die Lust des Bauches. Denn auch die gelehrten und hochgestochenen Dinge beziehen sich auf sie zurück.« Endlich mal ein Philosoph, der Tacheles redet. Dass nämlich alle geistigen, moralischen und kulturellen Höhenflüge von unserem Bauch, also von der Befriedigung unserer leiblichen Bedürfnisse, abhängen. Ist er leer, kommt moralisch und geistig nichts heraus, weil peinigender Hunger das Denken bestimmt. Ist er überfüllt, kommt moralisch und geistig nichts heraus, weil Trägheit und Gier das Denken bestimmen. Deswegen hat es auch keinen Sinn, sich den Mund über den Wertezerfall unserer Zeit fusselig zu reden, solange nicht alle Bäuche in etwa gleichem Maße gefüllt sind. Epikur hat das gewusst, doch wir haben es leider wieder vergessen.

Die Stoiker (4. bis 3. Jahrhundert v. Chr.): It's cool, man!

Leben

Die klassische Stoa-Bewegung wird begründet durch den auf Zypern geborenen Philosophen **Zenon** (um 354–262 v. Chr.). Es ist vermutlich seine Hässlichkeit – hager, krummer Hals, dicke Waden, grünliches Gesicht –, die ihn dazu bringt, das Äußerliche als nichtig abzukanzeln und das innere Wesen der Natur zu suchen. Seine ersten Lehrtätigkeiten verrichtet er in einer Athener Säulenhalle, der Stoa poikile, die ihm und seinen Anhängern auch gleich den künftigen Namen verleiht: die Stoiker. Als Zenon mit 92 Jahren auf den Treppen der Säulenhalle zu Tode stürzt, geht die Leitung der Schule an den ehemaligen Berufsboxer **Kleanthes** (331–232 v. Chr.). Er führt mit dem ehemaligen Rennsportler **Chrysippos** (um 281–208 v. Chr.) legendäre Streitgespräche, die zu einer der größten Fundgruben stoischer Weisheiten werden. Kleanthes stirbt, beinahe 100 Jahre alt, indem er die Nahrung verweigert. Sein streitbarer Partner hingegen lacht sich zu Tode, als er einem Esel zusieht, der einen Kübel Wein leergesoffen hat und danach im Hof von Chrysippos herumtorkelt. Zenon, Kleanthes und Chrysippos sind die Säulen der antiken Stoa-Bewegung.

Freunde

Tugendwächter, Moralapostel und Weltverneiner bilden traditionell den Löwenanteil der Stoa-Anhängerschar. Ihr tatsächlicher Einfluss auf die Geschichte ist entweder mäßig oder aber verheerend. Dem römischen Stoiker **Seneca** etwa gelingt es nicht, sich gegen den Wahnsinn seines Zöglings **Nero** durchzusetzen. Kaiser **Marc Aurel** schickt mit stoischer Gelassenheit Tausende von Christen in den Tod, und letztlich müssen auch Inquisition und preußischer Militarismus mit ihrer Verherrlichung des Pflichtgefühls im Zusammenhang mit Stoa gesehen werden.

Gegner

Mit stoischen Attributen wie Gleichmut und Bescheidenheit sollte man eigentlich unauffällig und ohne Feinde leben können. Doch die Stoiker sind eitel genug, penetrant auf ihre Lebensweise aufmerksam zu machen. Immer wieder nerven sie ihre Mitmenschen damit, für wie ekelhaft sie deren Leben halten. Anders denkende Philosophen wie etwa → **Epikur** werden von den Stoikern pauschal als Wüstlinge beschimpft, wobei man auch nicht vor Verleumdungen und Drohungen zurückschreckt.

Frauen

Mit Frauen haben Stoiker nicht viel im Sinn, denn die bringen nur Aufruhr in die stoische Seele. Zenon soll allerdings in seinem Leben ein oder zwei Dirnen gehabt haben, um nicht als abnormer Weiberfeind zu erscheinen. Als eines Nachts eine wunderschöne Flötenspielerin seine Gemächer betritt, schickt er sie fort. Doch wahrscheinlich nicht aus moralischem Anstand, sondern weil er Angst hat, sie bezahlen zu müssen. Denn Zenon ist bekannt für seinen knickrigen Geiz.

Das System

Für die Stoiker geht es darum, in jeder Situation den Gleichmut und die berühmte stoische Ruhe zu bewahren. Denn deren Gegenteil – die Leidenschaften – seien »eine naturwidrige seelische Erregung, die von der rechten Einsicht abgewandt ist«. Bleibt die Frage, warum es widernatürlich sein soll, wenn uns die Gefühle überrennen. Doch die Antwort fällt leicht, wenn man sich den stoischen Naturbegriff näher betrachtet. Denn die Leute aus den Säulenhallen unterstellen eine intelligente Natur, die weiß, wohin sie will. Es wirkt in ihr also nicht der willkürliche Zufall, sondern ein göttliches Prinzip, das dem Ganzen einen höheren Zweck verleiht. Zenon nennt es den »logos spermatikos«, und es sei unsere Pflicht, diesem Logos die ihm zustehende Geltung zu verschaffen. Der Mensch mithin als Erfüllungsorgan einer höheren, göttlichen Instanz – hier bahnt sich bereits an, was ein paar Jahrhunderte später in der Bibel verkündet werden sollte.

Der Stoiker-Trick

Zenon und seine Gefährten machen eigentlich nichts anderes, als dem Naturbegriff eine Kehrtwendung von 180 Grad mitzugeben. Aus dem willkürlichen Chaos zaubern sie ein geordnetes Werk aus der Feder eines vernünftigen Gottes, woraus folgt, dass jeder, der sich natürlich verhalten will, in erster Linie vernünftig, beherrscht und von äußeren Umständen unberührt sein muss.

Was geben uns die Stoiker heute?

Keine Frage: Ob **Hitler**, **Stalin** oder die brutalen Mönche der Inquisition, in den Athener Säulenhallen wäre man entsetzt über sie gewesen, vor allem über deren Dummheit. Andererseits ist es gerade der Stoizismus, der solchen Verbechern den Boden bereitet hat. Denn die wirklich großen Gräueltaten der Weltgeschichte wurden von »stoischen« Menschen begangen, die sich zu Höherem berufen fühlten: eiskalt und leidenschaftslos, ohne Rücksicht auf »persönliche Zufälle«. Und so lange es uns nicht gelingt, diese stoische Kaltschnäuzigkeit hinter uns zu lassen, müssen wir damit rechnen, dass sich Hitler bis auf weiteres jederzeit wiederholen kann.

Jesus (etwa 0–30 n. Chr.): **Komm rein, Gott ist auch schon da!**

Leben

Die Quellenlage zur Geburt Jesu ist undurchsichtig, es dominieren hier vielmehr die Legenden. Wie etwa die Geschichte von der Jungfrauengeburt, die für damalige Zeiten typisch ist, um die Herkunft großer Persönlichkeiten zu beschreiben. Auch der Geburtsort Jesu (Nazareth oder Bethlehem) ist unklar; was in seiner Kindheit und Jugend passiert, liegt ebenfalls im Dunkeln. Sein öffentliches Wirken beginnt eigentlich erst mit der Zeit **Johannes des Täufers**. Mit dem teilt Jesus die Überzeugung, im Auftrag des Herrn unterwegs zu sein. Das Ziel: Man will den Menschen vor dem unmittelbar drohenden Weltende und dem damit bevorstehenden Gottesgericht eine Chance zur Umkehr anbieten. Weil Jesus seine Botschaft jedoch vor allem an die Randgruppen der Gesellschaft richtet, »die Zöllner und Dirnen«, und denen sogar größere Chancen zur Rettung einräumt als manch frommem Juden, erregt er den Zorn des religiösen Establishments. Am Ende kommt es zum Prozess: Jesus wird zum Tode verurteilt und ans Kreuz genagelt. Doch bekanntlich ist damit seine Geschichte noch lange nicht zu Ende, denn seine verbliebenen elf Jünger (der zwölfte hat ja Jesus an seine Häscher verraten und sich anschließend erhängt) und ein paar Frauen verbreiten die Nachricht von seiner Wiedergeburt. Rückendeckung bekommen sie dabei von der Tatsache, dass der Leichnam Jesu tatsächlich irgendwie verschwindet – wobei heutige Forscher nicht ausschließen wollen, dass er von den Jüngern selbst aus dem Grab entfernt wurde. Doch sei es, wie es will: In jedem Falle verschafft die Wiedergeburtsstory der Lehre Jesu den Durchbruch zur Weltreligion.

Freunde

Es sind die Nutten, Ehebrecher, Mörder und Räuber, die Jesus bei seinen Ansprachen im Auge hat. Immer wieder betont er, dass es Gott gerade um die verlorenen Seelen geht, ja, dass er sogar eine ganze Herde im Stich lassen würde, um einem einzigen verlorenen Schaf nachzugehen. »Auch bei den Engeln herrscht Gottes Freude über einen einzigen Sünder, der umkehrt.« Vorausgesetzt, die verlorenen Schafe kehren auch wirklich um. Das heißt: Einfach die Sau rauslassen und auf Gottes Beistand hoffen ist nicht. Nur der reuige Sünder, der mit seinem Lotterleben innerlich und äußerlich abgeschlossen hat, findet Gnade vor Gott, nicht aber der aktive Hurenbock. Wäre ja auch zu schön gewesen.

Gegner

Die ursprünglichen Feinde Jesu sind das religiöse Establishment der Juden sowie die in Judäa regierenden Römer. Bis heute ungeklärt ist allerdings, warum Jesus eigentlich überhaupt zum Tode verurteilt wird. Denn ein Gotteslästerer ist er wohl kaum, und auch die Tatsache, dass er sich als Sohn Gottes ausgibt, reicht eigentlich nicht für ein Todesurteil, denn ein entsprechendes Gesetz gibt es zu seiner Zeit nicht. Näher liegend ist da schon die These einiger Wissenschaftler, wonach man von römischer Seite Jesus als ein Mitglied der »Zeloten« einschätzt, einer jüdischen Sekte von militanten Regimegegnern, und ihn deshalb so hart bestraft.

Frauen

Jesus ist das Produkt einer asexuellen Jungfrauengeburt, und sein späteres Leben verläuft auch asexuell. Nichtsdestoweniger ist sein Frauenbild klar und eindeutig. Denn es wird von drei Typen geprägt, nämlich der Sünderin (**Maria Magdalena**), der Haushälterin und Küchenmamsell (**Martha**) sowie der guten Mama (**Maria**). Drei »Ms« also für die drei »Ks« (Küche, Koitus und Kinder). Der später als »Erlöser der Menschheit« gefeierte Jesus ist in Frauenangelegenheiten nichts anderes als ein einfallsloser Macho.

Das System

Jesu zentrale Aussage lautet: »Kehrt um! Denn das Himmelreich ist nahe!« Seiner Überzeugung nach naht das Ende der Zeiten und der damit eintretende Beginn der Gottesherrschaft, und wer unter diesem neuen Regiment gute Karten haben will, muss umdenken. Und zwar konsequent, mit komplett neuer Gesinnung. Lippenbekenntnisse und Gebetsorgien haben also keinen Zweck, es geht vielmehr darum, den Willen Gottes zu *tun*. Und das heißt, mit allen Konsequenzen so zu handeln, wie Gott selbst es tut, also auch dem Anderen zu verzeihen, wie einem Gott selbst das Unrecht verzeiht: »Liebt eure Feinde und betet für die, die euch verfolgen, damit ihr Söhne eures Vaters im Himmel werdet; denn er lässt seine Sonne aufgehen über Bösen und Guten, und er lässt regnen über Gerechte und Ungerechte.«

Der Trick Jesu

Jesus weiß, wie man durchschlagende Revolutionen anzettelt. Indem man nämlich gegen die Herrschenden poltert (»Ihr wisst, dass die, die als Herrscher gelten, ihre Völker unterdrücken und die Mächtigen ihre Macht über die Menschen missbrauchen«) und sich selbst als Untertan einer höheren Idee anpreist (»Denn auch der Menschensohn ist nicht gekommen, um sich dienen zu lassen, sondern um zu dienen und sein Leben hinzugeben für viele«). Die Mächtigen von ihrem Thron herunterstürzen, ohne dabei selbst deren Thron besteigen zu wollen – das ist »political correct«, so verschafft man sich Anhänger. Und noch ein Trick verschafft Jesus seinen historischen Ruf: dass er nämlich das Reich Gottes auch für die Sünder offen hält. Wer ein Lotterleben führt, hat also nicht automatisch die Chance vergeigt, am Ende doch wieder zu Gott zu finden. Das ist tröstlich für die unzähligen Lotterbuben und Lottermädels unter uns, und Trost hat sich in der Weltgeschichte schon immer gut verkauft.

Was gibt uns Jesus heute?

Jesus selbst hat eigentlich nur eine Erneuerung des Judentums in Gang setzen wollen; erst nach seinem Tode entwickelt sich aus seinen Lehren eine eigenständige Weltreligion mit ungeheurer Macht. Es wäre deshalb unfair, all die Verbrechen dieser Weltreligion auf Jesus zurückführen zu wollen. Er hat sich vielmehr ernsthaft darum bemüht, das Reich Gottes für alle zu öffnen und die Menschen einer Art moralischen Generalreinigung zu unterziehen. Die meisten Sätze seiner Bergpredigt wie »Behandelt die Menschen so, wie ihr selbst von ihnen behandelt werden wollt« zeigen deutlich, dass Jesus an der Versöhnung und nicht am gnadenlosen Kampf für ein religiöses Hirngespinst gelegen war. Dass sich freilich in der christlichen Welt die Nächstenliebe gegenüber der Machtgier dann doch nicht durchsetzen konnte, darf in Anbetracht der menschlichen Natur kaum verwundern. Und außerdem: Auch einem Messias kann schließlich nicht alles gelingen.

Augustinus (354–430): O, du unstetes Herz!

Leben

Der heilige Augustinus ist in jungen Jahren ein wilder Feger, während seines Rhetorikstudiums in Karthago zieht er mit einer Gruppe von Studenten umher, die sich die »Umstürzler« nennen. An deren nächtlichen Raubzügen beteiligt er sich zwar nicht, doch dafür ist er ein umso fleißigerer Schürzenjäger. Selbst als Professor in Mailand pflegt er ein unstetes Liebesleben, doch im Alter von 33 Jahren lässt er sich auf einmal taufen, und alles wird anders. Er gründet in der afrikanischen Wüste ein Laienkloster, um sich nur noch mit theologischen und philosophischen Studien zu befassen. Doch der Friede währt nicht lange. Als in der benachbarten Stadt Hippo ein Gehilfe des Bischofs gewählt werden soll, erkennt man unter den Teilnehmern der Wahlversammlung den Augustinus und betraut kurzerhand ihn mit dem Amt – gegen seinen Willen. Später wird er sogar zum Bischof ernannt, doch diesen Posten nutzt er vor allem aus, um seine Studien voranzutreiben. Er stirbt im Alter von 76 Jahren, als die Vandalen vor den Toren Hippos stehen.

Freunde

Es sind die berüchtigten »falschen Freunde«, die Augustinus in jungen Jahren auf niederträchtigen Pfaden wandeln lassen. Und es ist ein so genannter »echter Freund«, nämlich Bischof **Ambrosius von Mailand**, der den wilden Augustinus dazu bringt, sich taufen zu lassen. Ansonsten aber besticht Augustinus dadurch, dass er – für seine Zeit – eine bemerkenswerte Unabhängigkeit im Denken hat und keinesfalls die Dienste wohlwollender Förderer in Anspruch nimmt, um in der Kirche Karriere zu machen. Zum Bischof wird er nur gegen seinen Willen.

Feinde

Im Unterschied zu vielen anderen Kirchenvertretern hat Augustinus nicht das Bedürfnis, andersgläubige Menschen foltern oder verbrennen zu lassen. Sein Visier richtet sich vielmehr auf den inneren Schweinehund, auf die unbewussten Kräfte, die in jedem von uns wohnen, auch in Augustinus: »Welch schauerliches Geheimnis, mein Gott, welch tiefe, uferlose Fülle! Und das ist die Seele, und das bin ich selbst!«

Frauen

Bis zu seiner Taufe pflegt Augustinus einen ausgesprochen unsoliden Lebenswandel. In seinen Mailänder Professorzeiten lebt er mit einer Konkubine zusammen. Als aus dieser Beziehung ein Sohn hervorgeht, bekommt er Skrupel. Doch seine Geliebte, später bekannt als Heilige **Monika**, teilt glücklicherweise seine Bedenken und zieht stillschweigend davon. Daraufhin beschließt Augustinus, ein Mädchen aus vornehmen Hause zu heiraten, doch als sich die Verlobung hinzieht, nimmt er sich einfach eine neue Geliebte. Ein echter Schwerenöter, der Augustinus, und erst seine Taufe soll diesem Treiben ein Ende bereiten.

Das System

Für Augustinus steht fest: Zur Wahrheit gelangt der Mensch nur im Blick auf sich selbst: »Geh nicht aus dir hinaus; in dich selbst kehre ein; denn im inneren Menschen wohnt die Wahrheit.« Doch was entdecken wir auf diesem Trip ins Innere? Zunächst einmal, und da spricht Augustinus aus eigener Erfahrung, ein »unruhiges Herz«, getrieben von Verwirrung und Sehnsucht. Schließlich aber will dieses Herz Ruhe finden, doch wie können wir das schaffen? Indem wir die Beschränktheit unseres Geistes verlassen und eine »Bewegursache suchen, die sich nicht als identisch mit den innermenschlichen Kräften deuten lässt, eine überlegende, verpflichtende Instanz von eigener Hoheit, eine Stimme, die nicht das Rückgeworfene der unsrigen ist: die Wahrheit.« Und diese Wahrheit hat einen Namen, und der lautet, wie es sich für einen Kirchenlehrer gehört, Gott. Klingt einfach, ist es aber nicht. Denn mit diesem System bestreitet Augustinus jede Philosophie, die versucht, Wahrheit als ein Erzeugnis des menschlichen Geistes darzustellen. Wahrheit fängt also da an, wo unser Denken aufhört. Und deswegen bliebt uns nichts anderes übrig, als uns ihr gegenüber demütig zu verhalten und an sie zu glauben. Für Augustinus steht also fest, dass dem Glauben ein höherer Wahrheitsgehalt zukommt als dem Wissen und Erkennen.

Augustinus' Trick

Wir kennen ihn als »Heiligen Augustinus«, doch bevor er Philosoph und Theologe wird, ist er ein triebhafter Tunichtgut. Die Auseinandersetzung zwischen diesen beiden Polen macht das Reiz- und Kraftvolle an Augustinus aus. Aus ihm spricht kein weltfremder Eremit und

Asket, sondern ein Mensch, der das pralle Leben geliebt und ausgekostet hat – und dann dessen Sinnlosigkeit eingesehen hat. Dieses Schicksal macht Augustinus zu »einem von uns«, und das macht ihn glaubhafter als das große Heer der verhärmten Geistlichen, die hinter jeder natürlichen Lebensfreude einen unzüchtigen Exzess vermuten.

Was gibt uns Augustinus heute?

Lassen wir den typischen christlichen Gottes-Schlenker weg, gibt uns Augustinus bereits eine psychoanalytische Konstruktion der Persönlichkeit, wonach die eigentliche Wahrheit nicht im Bewusstsein, sondern in den unbewussten Schichten unseres Geistes verborgen liegt. Immer wieder betont er, dass letzten Endes unsere Denk- und Gedächtnisinhalte nicht vom Geist selbst ins Bewusstsein gerufen werden, sondern von einer Kraft, die außerhalb des Bewusstseins steht. Jeder, der schon einmal etwas vergessen hat, was eigentlich todsicher im Gedächtnis sein sollte, wird dies bestätigen können. Er kann noch so sehr wollen, dass das Vergessene wieder zu ihm zurückkehrt – es wird nicht gelingen. Und später, in einer vollkommen anderen Situation, ist es auf einmal wieder da, wie aus dem Nichts. Wir sind viel weniger der Herr unseres Geistes, als wir glauben. Dies ist die Erkenntnis, die uns Augustinus, über anderthalb Jahrtausende vor der Entwicklung der Psychoanalyse durch → **Freud**, als bleibendes Vermächtnis mitgegeben hat.

Mohammed (etwa 570–632): **Bloß kein intellektuelles Geschwätz!**

Leben

Mohammed verliert schon früh seine Eltern, den Vater sogar schon vor seiner Geburt. Er verbringt daher seine Jugend bei einem Onkel, einem mäßig erfolgreichen Kaufmann. Mohammed hingegen ist kaufmännisch so talentiert, dass ihn die reiche Witwe **Chadidscha** als Geschäftsführer einstellt und sich schließlich sogar mit ihm verheiratet. Mohammed besitzt nun Zeit und finanzielle Mittel für ausgiebige Reisen – und regelmäßige Meditationen, die sich schließlich zu visionären Offenbarungserlebnissen verdichten: Der Engel **Gabriel** beauftragt ihn, als Gottesgesandter die Menschen zum Islam, also zur Verehrung des allmächtigen Allah zu führen. Mohammeds später im Koran aufgezeichnete Botschaften treffen in seiner Heimatstadt Mekka allerdings auf harten Widerstand, so dass er nach Medina auswandert. Hier scharen sich immer mehr Anhänger um ihn, mit denen es ihm schließlich nach zahlreichen blutigen Schlachten gelingt, Mekka zu erobern und sich dort als geistliches und politisches Oberhaupt zu installieren. Mit taktischem Geschick, aber auch mit Mitteln des heiligen Krieges »Dschihad« vereinigt er die einzelnen arabischen Stämme zu einem islamischen Gottesstaat. Mohammed stirbt im Alter von 61 Jahren, zu seiner Todesstunde soll eine Sonnenfinsternis stattgefunden haben.

Freunde

In Arabien sind zu Mohammeds Zeiten neben Christen und Juden noch zahlreiche andere Glaubensgemeinschaften aktiv, mit unterschiedlichsten Ritualen. Ein Chaos, das bei vielen Menschen zu einer regelrechten »Glaubensmüdigkeit« geführt hat, und es ist Mohammed, der wieder eine einheitliche Linie ins religiöse Leben bringt. Dabei wählt er einfache Mittel; intellektuelle Diskussionen um Glaubensinhalte – wie sie bei Juden und Christen üblich sind – lehnt er ausdrücklich ab, für ihn zählen nur Pflichterfüllung und Niederwerfung vor Gott. Eine schlichte Formel, die ihm schon bald zahlreiche Anhänger verschafft, vor allem unter Bildungsskeptikern und Nicht-Intellektuellen.

Gegner

Im Krieg um die Herrschaft in Mekka greift Mohammed auch zu brutalen Methoden. Andererseits zwingt er Juden und Christen nicht dazu, zum Islam überzutreten. Als »Schriftbesitzern« gesteht er ihnen ausdrücklich das Ausüben ihrer Religionen zu, allerdings müssen sie eine so genannte »Toleranzsteuer« an ihn zahlen. Zu den großen Religionskriegen kommt es erst lange nach Mohammeds Zeit.

Frauen

Im Koran heißt es: »Die Männer stehen über den Frauen, weil Gott sie von Natur vor diesen ausgezeichnet hat.« Und: »Wenn ihr fürchtet, dass Frauen sich auflehnen, dann vermahnt sie, meidet sie im Ehebett und schlagt sie!« Harter Tobak, dennoch ist der Islam keinesfalls frauenfeindlicher als das Juden- und Christentum. Aber er zeigt engere Verbindungen zur Tradition, außerdem greift er aktiver ins politische Geschehen ein, und dadurch tritt die Zurücksetzung der Frau im Islam offen zutage, während sie bei den Christen und Juden mehr unterschwellig am Werke ist. Was Mohammed zudem von → **Jesus** unterscheidet, ist seine erotische Aktivität. Er erzählt einmal: »Zwei Dinge in dieser Welt habe ich geliebt, Frauen und Wohlgerüche.« Zusammen mit seiner 15 Jahre älteren Frau Chadidscha hat er sechs Kinder, bei seinem Tod hinterlässt er ein Harem aus neun Frauen und drei Konkubinen.

Das System

Im Islam zählt nicht die Freiheit des Individuums, sondern einzig und allein der bedingungslose Gehorsam gegenüber Allah. Das Sich-Ergeben in den Willen Gottes ist eigentlich die einzige Freiheit, die Mohammed zugelassen hat. Und deswegen geht es bei ihm nicht – wie bei Jesus – um Geisteshaltungen, innere Umkehr und Bereitschaft zur Buße, sondern vor allem um die Erfüllung von Pflichten: Auf der einen Seite die erbärmliche Kreatur, auf der anderen Seite »Allah tachman«, der Allerbarmer, und sofern der Mensch seine religiösen Pflichten (wie etwa den Fastenmonat »Ramadan«) peinlich genau erfüllt, wird Gott schon alles Übrige regeln. Das bedingungslose Sich-Niederwerfen hat natürlich zur Konsequenz, dass zwischen den Gläubigen absolute Gleichheit herrscht. In der Moschee (von Masdich = Ort der Niederwerfung) existieren daher keine Unterschiede von Rasse, Hautfarbe und Herkunft, es gibt dort noch nicht einmal einen besonderen Priesterstand. Es zählt zu den politischen Verdiensten Mohammeds, dass er zu einer von sozialen Ungerechtigkeiten gebeutelten Zeit soziale Hierarchien abbaut und die Menschen kraft des Glaubens auf ein und denselben Boden stellt.

Mohammeds Trick

Mohammed ist stolz darauf, seinen Anhängern den Glauben leicht gemacht zu haben. Er fordert nichts anderes als die unbedingte Erfüllung der Pflichten gegenüber Gott. Das ist leicht nachvollziehbar und öffnet seine Religion für jedermann, auch wenn er nur wenig Bildung hat (bis heute ist umstritten, ob Mohammed selbst schreiben konnte!). Außerdem ist der Islam, wie es → **Nietzsche** einmal ausdrückte, eine »Religion für Männer«, mit starker Betonung traditioneller männlicher Tugenden, wie sie typisch sind für den vorderasiatischen Raum. Es ist kein Zufall, dass der Islam sich in Arabien entwickelt und von dort aus eine geradezu explosionsartige Verbreitung gefunden hat.

Was gibt uns Mohammed heute?

Seit dem 11. September grassiert im Abendland wieder eine panische Angst vor dem Islam. Tatsache ist jedoch, dass bei Mohammed von einem heiligen Krieg gegen Juden und Christen keine Rede ist und sich außerdem im Schrifttum und der Geschichte von Islam, Juden- und Christentum zahlreiche Überschneidungen finden lassen. Die derzeit schwelenden Auseinandersetzungen haben ihre Ursachen weniger im unterschiedlichen Verständnis von Gott und Religion als in den riesigen wirtschaftlichen Lücken, die zwischen der islamischen und der jüdisch-christlichen Welt klaffen.

Niccolò Machiavelli (1469–1527): Und Rambo hat doch Recht

Leben

Machiavelli stammt aus einer einflussreichen Florentiner Familie, und so macht er schon recht früh politische Karriere. Als Diplomat bereist er die Welt, zusammen mit **Leonardo da Vinci** entwirft er einen genialen Plan, um per Kanalsystem einen Binnenhafen für Florenz zu schaffen und gleichzeitig das verhasste Pisa als Handelsstadt schachmatt zu setzen. Querelen und Geldmangel lassen das Projekt jedoch kläglich scheitern. Schließlich bekommt Machiavelli den Auftrag, die florentinische Bürgerwehr aufzubauen. Die wird jedoch 1512 von den Spaniern vom Felde gefegt, so dass die alte Medici-Regierung wieder das Zepter in Florenz übernimmt – und den alten Bürgerwehrchef verhaftet, foltert und in die Wüste schickt. Der Verbannte entwickelt jedoch im Exil eine gewaltige Schöpferkraft als Schriftsteller. Machiavelli verfasst neben staatsphilosophischen Schriften noch einige Komödien und die gesamte Geschichte von Florenz. 1523 wird er rehabilitiert, um auch wieder politische Ämter zu übernehmen. 1527 verjagen jedoch die Truppen Kaiser **Karls V.** die Medici aus Florenz, so dass Machiavelli abermals eine politische Ächtung erfährt. Doch das ganze Hin und Her nimmt ihn mit. Noch im selben Jahr stirbt er und wird in einer Franziskaner-Kirche beigesetzt.

Freunde

Machiavelli betont immer wieder, wie wichtig es für den Mächtigen sei, »alles zu vermeiden, was ihn verhasst oder verachtet machen kann«. Machiavelli selbst hat diesen Satz stets beherzigt und eigentlich nie den wirklich großen Zorn auf sich gezogen. Nichtsdestoweniger gerät auch er immer wieder zwischen die Fronten der Politik.

Gegner

Noch kurz nach Machiavellis Tod sorgt der Papst höchstpersönlich dafür, dass die staatstheoretischen Schriften des Philosophen veröffentlicht werden. 1559 dann jedoch die Kehrtwende. Auf Betreiben der Jesuiten wird Machiavelli zur »persona non grata«, seine Schriften kommen auf den Index, und auch die Protestanten erklären Machiavellis Schriften für »Werke des Teufels«.

Frauen

Zu den Frauen bezieht Machiavelli nur selten Stellung, doch wenn er sie zur Beschreibung anderer Sachverhalte heranzieht, lässt das schon tief genug blicken: »Das Glück ist eine Frau. Will man sie beherrschen, dann muss man hauen und prügeln.« 1501 heiratet der Philosoph **Marietta di Luigi Corsini**. Sie schenkt ihm vier Söhne und zwei Töchter. Machiavelli ist kein treuer Ehemann, wohl aber ein fürsorglicher Vater – zumindestens spricht dafür sein Briefwechsel mit den Söhnen, der bis zu seinem Tode anhält.

Das System

Vor allem in seinem Buch »Der Fürst« erklärt Machiavelli, wie man an die Macht kommt und sie dann auch behält. Wichtig ist ihm, dass für diese beiden Zwecke alle Mittel recht sind, moralische genauso wie unmoralische. Täuschung, List, Verrat, Meineid, Bestechung und Mord? Für Machiavelli kein Problem, so lange es dem Zweck dient. »Menschen müssen entweder geschmeichelt oder zerschlagen werden«, erklärt er. »Denn für ein kleines Unrecht werden sie sich rächen können, aus dem Grabe hingegen rächt sich niemand mehr.« Und damit die Rambo-Keule die Leute nicht zu sehr abschreckt, empfiehlt er, sie nur kurzfristig anzuwenden: »Gewalttaten müssen auf einmal geschehen, da sie dann weniger empfunden und eher vergessen werden. Die Wohltaten aber müssen nach und nach erwiesen werden, damit sie sich besser einprägen.« Also: Zuckerhut und Peitsche, und den Zuckerhut lang, und die Peitsche kurz. So bleibt man am Ruder. Auch wenn einem das nicht unbedingt Sympathiepunkte einbringt. Doch vor die Wahl gestellt, geliebt oder gefürchtet zu werden, empfiehlt Machiavelli ohnehin das Letztere, denn »es ist weitaus sicherer, gefürchtet als geliebt zu werden«.

Machiavellis Trick

Machiavelli ist ein gewandter Schriftsteller und scharfsinniger Beobachter, aber eigentlich kein epochaler Philosoph. Dennoch zählt er zu den bekanntesten Welterklärern überhaupt. Der Grund: In einmaliger Eintracht haben katholische und protestantische Kirche seine Schriften als Werk des Teufels gebrandmarkt. Und wie das nun so ist: Das Verbotene zieht an. Von seiner religiösen Ächtung an hat Machiavelli etwas Dämonisches an sich, das immer wieder Schriftsteller, Staatsmänner und Philosophen zu ihm hinzieht, von → **Rousseau** über **Herder** und → **Nietzsche** bis zu **Friedrich dem Großen**. Ohne seine Ächtung wäre Machiavelli wahrscheinlich eine Fußnote in der Geschichte geblieben.

Was bringt uns Machiavelli heute?

Machiavelli erlebt seit einigen Jahren einen regelrechten Boom. Bücher wie »Der kleine Machiavelli« und »Machiavelli für Frauen« stehen in den Bestseller-Listen. Der Grund: Seine Strategien der Macht lassen sich wunderbar auf moderne Hackordnungen übertragen. Wie finde ich einflussreiche Freunde? Wie setze ich meine Gegner schachmatt? Wie lasse ich mich in gutem Licht erscheinen? Wie manipuliere ich die Meinungen anderer? Auf all diese Fragen, wie sie typisch für den Karriereweg sind, weiß Machiavelli Antworten, die auch heute noch aktuell sind. Manches ändert sich eben nie.

Nikolaus Kopernikus

(1473–1543):

Mittendrin ist voll daneben

Leben

Kopernikus stammt aus dem polnischen Thorn, 1491 wird er Student an der Universität in Krakau, doch was er dort wirklich gelernt hat, ist weitgehend unbekannt. Die Fürsprache seines Onkels, des Bischofs **Lukas Watzenrode**, verschafft ihm die Aufnahme in den Frauenburger Domstift und dadurch eine lebenslange finanzielle Absicherung. Kopernikus nutzt dieses Privileg gnadenlos aus, um zwölf Jahre lang das angenehme Leben eines Kirchenrechts- und Medizinstudenten zu führen. Danach arbeitet er als Übersetzer, Kartograph, Reformator des Münzwesens sowie unter verschiedenen Dienstherren als Sekretär, Kassenwart, Fondsverwalter und Steuereintreiber. Selbst als Arzt wirkt er so erfolgreich, dass man ihn in Frauenburgs Umgebung den »zweiten **Aeskulap**« nennt. Eine breite Palette, die durch seine astronomischen Studien (ohne Fernrohr!) noch erweitert wird. In ihnen führt er den Nachweis, dass sich die Erde um die Sonne dreht. Es dauert jedoch über 30 Jahre, bis Kopernikus sein Buch »Über die Umwälzungen der Himmelssphären« zum Druck freigibt. Das lange Zögern hat seinen Grund aber nicht darin, dass er die Nachstellungen der Kirche fürchtet, die starr am erdzentrischen Weltbild festhält (in der Bibel hält **Josua** die Sonne fest, sie muss also vorher im Verhältnis zur Erde in Bewegung gewesen sein). Es erklärt sich vielmehr daraus, dass er ein gewissenhafter Forscher ist und immer wieder Nachbesserungen an seinem System vornimmt.

Das erste gedruckte Exemplar des Werks erreicht Kopernikus am 24. Mai 1543 – exakt an seinem Todestag.

Freunde

Ohne seinen Onkel, den Bischof, hätte Kopernikus seine exzessiven Studien niemals finanzieren können. Und es ist ein junger Wittenberger Professor namens **Georg Rheticus**, dem es nach intensiven Diskussionen gelingt, den Astronomen zur Veröffentlichung seines Buches zu überreden. Kopernikus hat die Nähe seiner Mitmenschen nie sonderlich gesucht, doch ohne seine einflussreichen Freunde und Förderer wäre er wahrscheinlich ohne Geltung geblieben.

Gegner

Schon vor dem Druck der »Umwälzungen« sickert etwas von der kopernikanischen Wende an die Öffentlichkeit, doch ihr Entdecker bleibt von der Inquisition verschont – wahrscheinlich auch aufgrund seiner bischöflichen Verwandtschaft. Nichtsdestoweniger stößt Kopernikus natürlich bei der Kirche auf harsche Kritik – auch bei Reformatoren wie → **Martin Luther**, der sich ausdrücklich gegen Kopernikus stellt und ihm vorwirft, der Bibel einen Irrtum zu unterstellen.

Frauen

Kopernikus lebt als Domherr im Zölibat, und er zeigt zeit seines Lebens auch keine sonderliche Neigung, es zu brechen. In seinen astronomischen Theorien spielen Frauen ohnehin keine Rolle – wenn er gekonnt hätte,

hätte er der Erde und der Sonne sicherlich das männliche Geschlecht verpaßt.

Das System

Im 10. Kapitel der »Umwälzungen« heißt es: »In der Mitte von allen aber hat die Sonne ihren Sitz. Denn wer möchte sie in diesem herrlichen Tempel als Leuchte an einen anderen oder gar besseren Ort stellen als dorthin, von wo aus sie das Ganze beleuchten kann?« Es ist gewissermaßen ein Doppelschlag, den Kopernikus da setzt: Die Erde wird als Zentrum des Kosmos abgelöst durch die Sonne, und das widerspricht nicht nur der Bibel, sondern auch der Physik des → **Aristoteles**, die damals als maßgeblich und unbestreitbar galt. Und es ist ja auch wirklich einiges, was Kopernikus der Menschheit da zumutet. Denn auf einmal ist die ganze beobachtete Welt – mit der aufgehenden Sonne im Osten und der untergehenden Sonne im Westen – nur noch bloßer Schein, ein Truggebilde, das zu einer ganz anders gearteten Wirklichkeit führt. Und weil der Mensch nicht mehr im Zentrum des Kosmos steht, sondern sich zusammen mit der Erde geradezu schwachsinnig im Kreis herumdreht, kann er nun auch noch zusehen, wie er an ein neues Selbstverständnis kommt. Die kopernikanische Wende trifft weniger die Astronomie als vielmehr das Weltbild und Selbstwertgefühl der damaligen Menschen.

Kopernikus' Trick

Der Astronom aus Frauenburg hat schon früh verstanden, dass Forschung gut funktioniert, wenn sie finanziell abgesichert ist und die Beteiligten nicht für´s tägliche Brot ackern müssen. Deshalb wählt Kopernikus nicht das Schicksal eines einsamen Privatgelehrten, der sich mit Nebenbeschäftigungen über Wasser halten muss, sondern das eines kirchlichen Verwaltungsbeamten, der seine Privilegien und zeitlichen Freiräume ungestraft für's Forschen verwenden darf. Wobei allerdings erwähnt werden muss, dass Kopernikus an seinem Amt keineswegs leidet, sondern es gerne ausübt. Ein leidenschaftlicher Forschertyp wie etwa → **Einstein**, der ja ebenfalls einige Jahre in einer Behörde fristen musste, hätte das nie geschafft.

Was bringt uns Kopernikus heute?

Kopernikus ist nicht der Erste, der die Sonne in den Mittelpunkt des Kosmos rückt. Vor ihm vertrat bereits **Aristarch von Samos** diese These, doch der musste seinerzeit (310–250 v. Chr.) nicht die Inquisition befürchten: Dem Selbstverständnis der antiken Welt war es ziemlich egal, wer sich um wen dreht. Als Aristarch die Sonne ins Zentrum rückte und dafür die Erde herauskickte, bemerkten seine antiken Zeitgenossen nur: »Interessant, aber was nutzt uns das?« Als Kopernikus über anderthalb Jahrtausende später genau dasselbe erzählt, kommt es zu einer Revolution, die später ehrfurchtsvoll »die kopernikanische Wende« genannt wird. Ein und dieselbe Geschichte, und doch ganz unterschiedliche Reaktionen! Ob etwas zur großen Wahrheit wird, hängt eben davon ab, wie empfänglich die Menschen dafür sind, wie betroffen sie sich fühlen. Daran sollten wir denken, bevor wir heute eine neue Entdeckung vorschnell als unnütz und weltfremd abtun wollen. Könnte ja sein, dass die Nachwelt das ganz anders sieht.

Martin Luther (1483–1546):

1 Titel, 95 Thesen und 1 Mordstemperament

Leben

Im Unterschied zu anderen Berühmtheiten seiner Zeit ist Luther von »gewöhnlicher« Herkunft: Sein Vater schuftet im Bergbau, seine Vorfahren sind Bauern. Beim Studium in Erfurt beschäftigt er sich mit → **Aristoteles** und → **Augustinus**, und eigentlich sollte er dann – so der Wunsch seines Vaters – seinen Weg als Jurist gehen. Doch während eines schweren Gewitters überfällt ihn Todesangst und er gelobt seinen Wechsel ins Lager der Mönche. Er geht ins Kloster der Augustiner-Eremiten, 1512 promoviert er zum Doktor der Theologie. In Wittenberg hält er dann eine Menge Vorlesungen, die ihn zunehmend in Konflikt mit der katholischen Kirche bringen, deren Ablasshandel (für Bares gibt's Wahres, nämlich den Schutz vor dem Fegefeuer) er entschieden ablehnt. Am 31. Oktober 1517 erscheinen seine berühmten 95 Thesen. Er wird wegen Ketzerei angeklagt, doch anstatt sich reumütig zu zeigen, zweifelt er sogar noch an der Unfehlbarkeit des Papstes. Man verhängt die »Reichsacht« über ihn. Luther muss abtauchen, doch er nutzt diese Zeit, um seine Theologie weiter auszuarbeiten und die Bibel ins Deutsche zu übersetzen. Gesundheitlich jedoch geht es bergab. Der sprachgewaltige und couragierte, gleichzeitig aber von irrationalen Ängsten gebeutelte Mönch leidet an Schlaflosigkeit, Nierensteinen und Angina Pectoris. Letztere bringt ihm auf einer Reise nach Eisleben – im Alter von 62 Jahren – den Tod.

Freunde

Luther hat in seinem Kampf gegen die katholische Kirche zahlreiche, zum Teil einflussreiche Freunde. Einer von ihnen ist **Melanchthon**, der selbst zu einem der großen Reformatoren werden sollte. Der sächsische **Kurfürst Friedrich** versteckt Luther, nach seiner Ächtung, als »Junker Jörg« auf der Wartburg in Eisenach.

Gegner

Am Anfang kämpft Luther natürlich vor allem gegen die Katholiken. In seinen letzten Lebensjahren aber verschaffen ihm seine apokalyptischen Erwartungen weitere Feinde. So sieht er die Menschheit auf den Jüngsten Tag zutaumeln, weswegen er meint, sie vor allem Möglichen warnen zu müssen. Wie etwa vor dem Gottesdienst der Juden, den er wegen »Gotteslästerung« zu unterbinden versucht. Mit dem anderen großen Reformator seiner Zeit, **Huldrych Zwingli**, verzettelt er sich in Streitigkeiten um das Abendmahl, und seine Attacken gegen die katholische Kirche werden so maßlos, dass selbst seine Anhänger entsetzt sind. Für Irritationen sorgt zudem, dass er ausgerechnet dann heiratet und sich um sein persönliches Glück kümmert, als die Bauernkriege toben. Auch posthum bekommt Luther reichlich Gegenwind. Seine zügellosen Polemiken und deftigen Beschimpfungen schrecken nicht nur Intellektuelle ab, sondern auch so manches fromme Mütterlein.

Frauen

Auch wenn Luther einmal gesagt hat, dass Frauen im Kampf für die Religion oft mutiger seien als Männer, ist sein Frauenbild keinesfalls reformatorisch, sondern absolut konservativ. Für ihn ist die Frau körperlich und geistig dem Mann unterlegen 1524 beschimpft er sie in einer Predigt als »halbes Kind« und »tolles Tier«. Ein Jahr später heiratet er eines von diesen tollen Tieren: **Katharina von Bora**, eine ehemalige Nonne. Nicht unbedingt eine Liebesheirat, wie Luther einmal bemerkt: »Ich bin nicht leidenschaftlich verliebt, aber ich habe mein Weib lieb und wert.« Immerhin schenkt »Käthe« ihrem triebhaften Gatten sechs Kinder und entspricht damit seinen Vorstellungen, wonach Frauen in erster Linie den Haushalt versorgen und Kinder gebären sollten.

Das System

Für Luther steht fest: Die Kirche hat keinen Anspruch auf die alleinige Mittlerstellung zwischen Gott und Mensch. An die Stelle der sichtbaren Kirche setzt er die unsichtbare Kirche als die Gemeinschaft derer, die in »göttlicher Gnade« sind. Mit anderen Worten: Im Prinzip kann jeder Mensch sein eigener Priester sein, und damit dieses Ziel auch möglichst viele erreichen können, gibt Luther dem Volk eine Bibel in deutscher Sprache. An sich eine Befreiungstat von historischer Dimension – nur entlässt Luther die Menschen nicht wirklich in die Freiheit. Er sieht sie vielmehr in der Pflicht, sich jetzt, nachdem die Kirchen entmachtet sind, noch bedingungsloser ihrem Gott zu unterwerfen als zuvor. Und sich dabei nicht von Vernunft, Päpsten, Priestern oder intellektuellen Spielereien leiten zu lassen, sondern nur vom reinen Wort der Bibel. Luther ist entschiedener Irrationalist, die Vernunft ist für ihn eine »Teufelshure«, die den Menschen vom wahren Pfad des Glaubens wegführt: »Denn alles, was Vernunft örtert und schleußt, das ist so gewisslich falsch und irrig, wie Gott lebet.«

Luthers Trick

Es ist das Volkstümliche und Derb-Direkte an ihm, das Luther so faszinierend macht. Gegen ihn wirken Päpste und Kardinale wie kränkelnde und verbiesterte Bleichgesichter, er ist der **Clint Eastwood** der Theologie, der erbarmungslos mit den Intellektuellen und Geschwätzigen abrechnet: »Ihr könnt predigen, über was ihr wollt, aber predigt niemals über vierzig Minuten.« Luther kommt mit Urgewalt daher, und Urgewalten haben es so an sich, dass man ihnen einmalig große Taten zutraut. Und so werden ihm Errungenschaften zugeschrieben, auf die er gar keinen Anspruch hat. So ist Luther keineswegs der erste Mönch, der heiratet. Und er ist auch nicht der Erste, der sich an die Übersetzung der Bibel macht.

Was gibt uns Luther heute?

Luther hat die Reformationsbewegung in Gang gebracht und das Christentum demokratisiert; ohne ihn wäre die christliche Religion möglicherweise mangels Masse ausgestorben. Ob er uns damit genutzt oder geschadet hat, kann wohl kaum jemand beurteilen. Eines aber zeigt uns Luther mit Gewissheit: dass man auch mit ängstlichem Naturell den Mut aufbringen kann, gegen übermächtige und brutale Institutionen anzukämpfen. Man kann also zum Helden werden, ohne zum Helden geboren zu sein. Und das ist eigentlich tröstlicher als alles, was uns ein Priester erzählen kann.

Johannes Calvin (1509–1564): Geiz, Gier und Gicht

Leben

Durch seinen Vater, der als Notar eines französischen Domkapitels in die Verbannung muss, lernt Calvin schon früh, wie die Kirche ihre Konflikte zu lösen pflegt. Nach seinem Jura-Studium in Orleans gerät er in den Sog der Protestantenverfolgungen und muss noch einmal fliehen. In Straßburg übernimmt er eine Gemeinde von Glaubensflüchtlingen und vermählt sich gleich noch mit der Witwe eines von ihm bekehrten Täufers. Calvins Wirkungszentrum aber ist Genf, das er zum Experimentierfeld für seine Vorstellungen vom christlichen Gemeinwesen macht – und dabei zu Disziplinierungszwecken auf altbewährte Methoden wie Hinrichtungen und Verbannungen zurückgreift. Aufgrund seines Übereifers wird er zwar – wieder mal – verjagt, doch drei Jahre später holt man ihn schon wieder zurück. Er gründet eine Akademie, die zur Hochburg des Calvinismus werden soll. Doch der körperlich ohnehin nicht gerade robuste Calvin reibt sich in seiner reformatorischen Tätigkeit auf, Beobachter vergleichen ihn mit einem »zu stark gespannten Flitzebogen«. Als man ihn zur Pause drängt, antwortet er barsch: »Wollt ihr, dass der Herr mich müßig findet?« Wenig später stirbt er, gepeinigt von der Gicht.

Freunde

Calvin ist kein heißblütiger Mönch wie → **Martin Luther**, sondern ein kaltschnäuziger Jurist. Diese Eigenschaft macht ihn attraktiv für die protestantischen Kräfte seiner Zeit, die für den Kampf gegen die Katholiken und den Wankelmut des Volkes auf scharfe intellektuelle Fallbeile angewiesen sind. Es ist ein Reformator namens **Guillaume Farel**, der Calvin unter Drohungen überhaupt erst dazu bringt, theologisch ernsthaft aktiv zu werden. Nichtsdestoweniger werden die beiden später dicke Freunde.

Gegner

Calvin hat viele Feinde, einige Einwohner Genfs benennen sogar ihren Hund nach ihm, um wenigstens auf diese Weise dem strengen Reformator eins überbraten zu können. Calvins geistige Gegner aber sind die Katholiken. Im Unterschied zu denen bestreitet er die Freiheit des menschlichen Willens, für ihn ist alles von Gott gewollt. Was natürlich auch bedeutet, dass das Böse nichts ohne die Erlaubnis von Gott tun kann, und Hagelstürme und Epidemien also nicht von Teufeln und Hexen, sondern letzten Endes von Gott hervorgerufen werden. Deswegen dürfte man eigentlich auch keine Hexen mehr auf den Scheiterhaufen werfen. Doch für dieses Problem hat Calvin eine Lösung: Er beschuldigt die Hexen einfach des Teufelspakts. Und so wandern unter seiner Ägide letztendlich kaum weniger Frauen auf den Scheiterhaufen als unter den Inquisitoren des Papstes.

Frauen

Calvins Frau **Idelette** wird als feine und gebildete Frau geschildert. Sie bringt drei Kinder zur Welt, die alle kurz nach der Geburt sterben. Während ihrem Gatten das nur wenig ausmacht, erholt sie sich nicht mehr davon; bereits neun Jahre nach der Heirat stirbt sie, und Calvin betrauert nur kurz den Verlust »seiner besten Gefährtin«. Eine Reaktion, die nicht verwundern darf, sieht doch Calvin die Frauen vor allem als Gattin und Mutter – und diese Rolle hat Idelette ja nicht ausfüllen können.

Das System

Calvin betrachtet den Menschen als Wesen, das aufgrund des Sündenfalls durch und durch unfrei und verdorben ist. Doch glücklicherweise wählt Gott immer mal ein paar Exemplare aus, die er vor der Verderbnis rettet. Das Entscheidende ist aber, dass er sich dabei nicht beeinflussen lässt. Wer also besonders fleißig betet, zur Beichte geht und teure Kirchen baut, steigert keineswegs die Chancen, auserwählt zu werden. Bleibt die Frage, wie die Auserwählten überhaupt merken, dass sie auserwählt sind. Die Antwort: Sie verspüren einen »innerlichen Ruf«, dem sie nicht widerstehen können. Und dieser Ruf tut sich kund durch »gottgefällige Tugenden« wie Fleiß, Sittlichkeit, Sparsamkeit – und wirtschaftlichen Erfolg. Mit anderen Worten: Wer reichlich Kohle scheffelt und nichts davon ausgibt, ist ein Auserwählter. Geizige Gierlappen arbeiten laut Calvin ausdrücklich mit Gottes Segen. Nicht umsonst leidet der Reformator selbst an Gicht, deren typisch krumme Finger heutige Psychosomatiker als körperlichen Ausdruck für Gier und Nicht-loslassen-Können interpretieren.

Calvins Trick

Ein Blick ins Internet zeigt, dass Calvin auch heute noch viele Anhänger hat. Der Grund: Er stellt sich strikt gegen die Prunksucht der katholischen Kirche und prangert deren Beichten und Gebetmarathons als vergebliche Versuche an, den Willen Gottes zu manipulieren. Er ist halt ein bescheidener und aufrechter Mann, dieser Calvin – und so etwas kam schon immer gut an. Außerdem: Calvin sieht Geldscheffeln und Geiz nicht als Marotten von **Onkel Dagobert**, sondern als Tugenden im Sinne Gottes, und da diese Eigenschaften wohl niemals aussterben werden, wird auch der Calvinismus niemals von der Bildfläche verschwinden.

Was gibt uns Calvin heute?

Der deutsche Soziologe **Max Weber** entlarvte Anfang des letzten Jahrhunderts Calvin und sein Gefolge treffsicher als Vorbereiter des modernen Kapitalismus. Denn mit ihren Tugenden der »innerweltlichen Askese« – Geld und Eigentum scheffeln, ohne sie zu genießen oder davon abzugeben – bilden sie gewissermaßen den Prototyp des modernen Managers. Wenn Sie also mal wieder einen dieser Jung-Dynamiker sehen und hören, wie er sich per Rennrad die Alpen hochquält, beim Italiener Salatblätter futtert und währenddessen die Kürzung der Sozialhilfe fordert oder im Intercity pausenlos über dem Laptop hängt, anstatt entspannt aus dem Fenster zu gucken, denken Sie daran: Es handelt sich dabei nicht um einen Irren, sondern höchstwahrscheinlich um einen Auserwählten.

Galileo Galilei (1564–1642):
Auch Pragmatiker machen Geschichte

Leben

Der junge Galilei bereitet sich zunächst in einem Kloster auf ein religiöses Leben vor, doch später überlegt es sich die Familie anders und schickt ihn zum Medizinstudium nach Pisa. Galilei will allerdings weder Arzt noch Priester werden – ihn zieht es zur Mathematik und Astronomie, die er per Privatunterricht bei einem toskanischen Mathematiker erlernt. 1589 beginnt er mit eigenen Vorlesungen; in dieser Zeit entdeckt er auch die Gesetze für den Fadenpendel und die Geschwindigkeitszunahme im freien Fall. Doch seine wirklich große Stunde kommt 1608, als man in den Niederlanden das Teleskop erfindet. Galilei konstruiert sein eigenes Fernrohr und guckt fortan pausenlos gen Himmel, entdeckt vier Jupitermonde, die Sterne der Milchstraße und die Sonnenflecken. Doch weil er konsequent am Weltbild des → **Kopernikus** festhält, bekommt er nicht etwa Ehrungen, sondern massiven Ärger. 1633 zwingt ihn die römische Inquisition, seinem »Irrtum« abzuschwören. Man verurteilt ihn erst zu lebenslangem Gefängnis, später zu lebenslangem Hausarrest. Nichtsdestoweniger arbeitet Galilei weiterhin als Wissenschaftler, selbst dann noch, als er erblindet. Er stirbt mit 77 Jahren in seinem Landhaus bei Florenz.

Freunde

Eine Zeit lang hat Galilei die Unterstützung der mächtigen Jesuiten, doch die wird ihm entzogen, als er mit einem jesuitischen Mathematiker aneinander gerät. Doch es bleiben ihm noch zahlreiche andere einflussreiche Freunde, darunter sogar der damalige Papst, **Urban VIII**. Ohne seine einflussreichen Freunde wäre Galileis Kampf mit der Inquisition wohl tödlich verlaufen.

Gegner

Galilei lebt in einer Zeit, deren römisch-katholisches Weltbild noch stark von → **Aristoteles** geprägt ist. Und in dieses Weltbild passt schon die raue Oberfläche des Mondes (Aristoteles hat ihn als glatt beschrieben) nicht hinein und das kopernikanische System von der Erde als kreisendem Begleiter der Sonne schon gar nicht. Galilei ist allerdings nicht so waghalsig, wie später gerne behauptet wird. Als Pragmatiker weiß er vielmehr, dass er es sich nicht ganz mit der Kirche verscherzen darf, um weiter forschen zu können. Und deswegen vermeidet er allzu offene Konfrontationen. Bei seinem Inquisitionsprozess zieht er seine Behauptungen zurück, ohne dass es zur sonst üblichen Folter gekommen wäre. Das trotzige »Und sie bewegt sich doch« ist pure Legende, es passt nicht zum Charakter von Galilei.

Frauen

1599 beginnt Galilei eine Liebesbeziehung mit der schönen Venezianerin **Marina**. Zu einer Heirat kommt es jedoch nicht – obwohl aus der Beziehung drei Kinder hervorgehen. 1611 lässt er Marina zusammen mit dem

Sohn in Padua zurück, seine beiden Töchter nimmt er mit nach Florenz, wo sie ins Kloster eintreten. Die ältere Tochter pflegt den permanent kränkelnden Galilei, als er mit der römischen Kirche kämpft und schließlich unter Hausarrest steht. Sie stirbt allerdings vor ihm, und Galilei ist darüber nie hinweggekommen.

Das System

Trotz zahlreicher Entdeckungen und Erfindungen (wie etwa der Konstruktion von handlichen Bewässerungspumpen) ist Galileis wichtigster Beitrag zur Weltgeschichte sein unermüdlicher Kampf für das kopernikanische Weltbild. Seine Überzeugung, wonach die Gezeiten des Meeres die Erdbewegung beweisen, ist zwar ein Irrtum, doch die Propaganda-Wirkung seiner Entdeckungen trägt wesentlich dazu bei, die neue Weltsicht durchzusetzen. Außerdem führt er laut eigenen Angaben eine neue Sprache in die Welt der Gelehrten ein, nämlich »die Sprache der Mathematik, und ihre Buchstaben sind Dreiecke, Kreise und geometrische Figuren«. Exakte Naturwissenschaft statt philosophisch-theologischer Geschwätzigkeit – dieser Quantensprung im menschlichen Denken ist nicht zuletzt ein Verdienst von Galilei.

Galileis Trick

Galilei ist nicht nur ein brillanter Wissenschaftler, sondern auch ein listiger Höfling. Er kennt die Strukturen der Macht und weiß, was zu tun ist, um Unterstützung für die eigenen Forschungen zu kriegen – und wie man trotz dieser diplomatischen Verrenkungen den eigenen Kopf und die eigene Glaubwürdigkeit behält. Zudem ist

Galilei ein talentierter Schriftsteller. Die meisten seiner Werke verfasst er nicht in Latein, sondern in Italienisch. In seinem »Dialog über die beiden hauptsächlichen Weltsysteme« lässt er drei Gesprächspartner auftreten – einen für die Weltsicht des Kopernikus, einen für die des Aristoteles und einen gebildeten Laien. Das sich dabei entspinnende Gespräch zählt zu den Meisterwerken der frühen italienischen Literatur.

Was bringt uns Galilei heute?

Es steckt tief im Wesen des Menschen, die Welt so zu sehen, wie es in sein Wertesystem passt. Viele wirkliche Fortschritte für die Menschheit werden verzögert oder sogar verhindert, weil sie einigen Betonköpfen nicht in ihr System passen und deswegen mit allen Mitteln bekämpft werden. Es ist Galilei, der als Erster energisch fordert, den geistigen Bremsklotz in Form von Weltanschauungen zur Seite zu schieben und stattdessen den reinen, vorbehaltlosen Blick auf die Natur zu richten. Darin liegt sein großes Verdienst, bis heute. Wobei er in seinem Anspruch, was wir mit objektiver Wissenschaft verstehen können, nicht anmaßend wird. »Die Natur ist unerbittlich und unveränderlich«, so sagt er, »und es ist ihr gleichgültig, ob die verborgenen Gründe und Arten ihres Handelns dem Menschen verständlich sind oder nicht.« Ein angenehme Bescheidenheit und Ehrfurcht vor der Natur, die auch heutigen Wissenschaftlern mitunter gut anstünde.

René Descartes (1596–1650): Mein Bett ist meine Burg

Leben

Nur den Heilkünsten einer Amme ist es zu verdanken, dass Descartes als Baby am Leben bleibt, und diese Schwächlichkeit sollte ihm zeit seines Lebens erhalten bleiben. Schon während der Schulzeit darf er länger im Bett bleiben als die anderen, und später gehört es zu den typischen Charaktermerkmalen des Philosophen, seine großen Werke im Bett niederzuschreiben. Ein Stubenhocker ist er jedoch nicht – der junge Descartes reist gerne und viel. In Paris übt er sich im Reiten und in der Fechtkunst, als Soldat bereist er Deutschland, Österreich und Ungarn. Dann die plötzliche Kehrtwende: 1628 geht er nach Holland, in dessen geschäftigen Trubel man, wie er zufrieden feststellt, »ebenso einsam und zurückgezogen leben kann wie in der entlegensten Wüste«. Nur eine weitläufige Korrespondenz, durchgeführt unter Deckadressen, verbindet ihn noch mit der Außenwelt. Nun entstehen seine großen Werke, vor allem seine »Abhandlungen über die Methode« und die »Meditationen«. Und er bekommt Ärger, man bezichtigt ihn des Atheismus, obwohl er sogar mit einem Gottesbeweis aufwarten kann. Am Ende folgt Descartes dem Angebot der Königin **Christine** von Schweden, an ihren Hof überzusiedeln. Die energische Dame zwingt ihn allerdings, schon um 5 Uhr morgens mit ihr zu philosophieren – für einen Langschläfer ein hartes Brot. Hinzu kommen ein unwirtliches Klima (»Schweden ist das Land der Bären, mitten unter Felsen und Eis«) und undurchsichtige politische Verwicklungen. Descartes stirbt unter mysteriösen Umständen, gerade einmal 54 Jahre alt. Offizielle Todesursache ist Tuberkulose, doch möglicherweise wird er auch das Opfer eines Giftattentats.

Freunde

Descartes versteht sich selbst als »Schauspieler hinter der Maske«, der nicht will, dass man ihn erkennt. Dies hat wahrscheinlich mit seiner schwächlichen Konstitution zu tun, die ihm die Nähe von Menschen schon allein körperlich schwer erträglich macht. Fast 20 Jahre lebt er in Holland ohne direkten Kontakt zu irgend jemandem, mit der Welt lediglich verbunden durch einen Geistlichen, der den – allerdings umfangreichen – wissenschaftlichen Briefwechsel des Philosophen abwickelt.

Feinde

Descartes sieht, wie → **Galilei** wegen seiner Thesen Ärger mit der Inquisition bekommt, und deswegen beschließt er, dass die Welt sein Werk nicht eher zu sehen bekommt »als hundert Jahre nach meinem Tode«. Einige Brocken dringen jedoch schon vorher an die Öffentlichkeit, und die reichen, um ihn wegen Atheismus und Gotteslästerung anzuklagen. Ein Paradox, denn in Wahrheit versteht Descartes seine Arbeiten sogar als einen Dienst an der Religion.

Frauen

Mit Frauen hat der Einzelbettkämpfer Descartes nicht viel am Hut. Aus einigen Briefen wissen wir aber, dass er immer recht erstaunt ist, wenn Frauen – wie etwa Königin Christine – ein Interesse an der Philosophie entwickeln.

Das System

Wer so wie Descartes den Großteil des Tages im Bett verbringt, dem können schon mal Zweifel kommen, ob die Realität um uns herum tatsächlich real ist oder ob es sich dabei bloß um einen perfekten Traum handelt, der uns Realität vorgaukelt. Denn immerhin passiert es ja oft genug, dass wir schweißgebadet aus einem Traum aufwachen, weil der uns so real vorkam – warum sollte da auch das Leben an sich nicht ein groß angelegtes Täuschungsmanöver sein? Für diese Möglichkeit spricht zudem, dass wir uns sehr oft in unseren Sinneseindrücken täuschen und uns dabei von subjektiven Vorstellungen leiten lassen: Lassen wir zehn Menschen einen Turm beschreiben, werden wir am Ende zehn unterschiedliche Türme haben. Die Welt, so wie wir sie wahrnehmen, ist eben absolut zweifelhaft. Doch eine Sache gibt es, so tröstet uns Descartes, die sicher ist, nämlich die Tatsache des Zweifelns, und damit gleichzeitig die Tatsache, dass *ich* es bin, der zweifelt. Und weil der Zweifel ein Ausdruck des Denkens ist, kann es am Ende nur heißen: »Cogito ergo sum – Ich denke, also bin ich.« Eine tröstliche Gewissheit, doch für Descartes ist das nicht genug. Er macht sich vielmehr auf die Suche nach etwas, das genau so sicher ist wie dieses Cogito ergo sum. Und seine Suche bringt Erfolg. Er findet: Gott. »Ich habe in mir die Idee Gottes als eines unendlichen, allmächtigen und allwissenden Wesens«, erklärt Descartes. »Diese Idee kann nicht aus der äußeren Wahrnehmung stammen, denn diese zeigt mir nur die endlichen Naturdinge. Ich kann sie aber auch nicht selbst gebildet haben, denn wie sollte es möglich sein, dass ich als endliches und unvollkommenes Wesen die Idee eines unendlichen und vollkommenen Wesens bilden könnte?« Also kann es gar nicht anders sein, als dass Gott existiert. Ein blitzsauberer Gottesbeweis! Zu dumm, dass Descartes' Zeitgenossen das nicht verstanden haben und ihn wegen seiner »Zweifelsucht« der Gotteslästerung bezichtigen.

Descartes' Trick

Der große Geniestreich Descartes' besteht darin, dass er zunächst alles in Zweifel stellt, dann aber die denkerische Leistung des Menschen als einzige Sicherheit herausarbeitet. Und sein »Cogito ergo sum« klingt so prägnant und offensichtlich, dass ihn selbst die hinteren Ranglisten der Pisa-Studie kapieren. Er gehört zu den Sätzen, die man erst einmal rein instinktiv abnickt. Dabei ist er gar nicht so wahr, wie er klingt. Denn wer sagt denn, dass ich es bin, wenn irgendwelche Gedanken in mir ablaufen? Bei näherer Betrachtung zeigt sich doch vielmehr, dass die Gedanken kommen, wenn sie wollen, und nicht, wenn ich will. Der Cogito-Satz ist also gerade einmal ein Beweis für die Existenz des Denkens, nicht aber dafür, dass dieses Denken ein Ich zum Subjekt hat.

Was bringt uns Descartes heute?

Descartes begnügt sich natürlich nicht damit, unser Denken als letzte sichere Bastion herauszuarbeiten. Er will auch, dass wir etwas damit anfangen. Denn: »Wenn wir die Kraft und die Wirkung des Feuers, der Luft, der Gestirne, der Himmel und aller anderen Körper, die uns umgeben, verstehen, so können wir diese Naturkräfte für alle Zwecke benutzen. So können wir Menschen uns zu Herren und Besitzern der Natur machen.« Darum geht es dem Descartes also: Sich mit Hilfe eines einwandfrei funktionierenden Verstandes die Herrschaft über die Natur anzueignen, die damit kein gleichberechtigter Partner mehr ist, sondern ein Dienstleistungs-Pool, den es auszunutzen und zu beherrschen gilt – und auf dessen eigene Bedürfnisse man keine Rücksicht nehmen muss. Die großen Umweltkatastrophen unserer Zeit müssen sicherlich auch in Zusammenhang mit diesem Herrschaftsanspruch des Menschen gegenüber der Natur gesehen werden. Ein in der Tat zweifelhaftes Verdienst des Herrn Descartes.

Thomas Hobbes (1588–1679):
Das Böse ist immer und überall

Leben

Hobbes beschreibt seine Geburt später einmal als die Geburt von Zwillingen, »nämlich von mir selbst und der Angst«. Und die Angst ist es auch, die ihn sein Leben lang begleitet und nach der starken Hand des Staates rufen lässt. Seine Ausbildung erhält er in Oxford, doch die eigentlich prägenden Einflüsse verdankt er den Bildungsreisen, die er als Hauslehrer zusammen mit seinen Zöglingen unternimmt. Auf einer dieser Reisen entdeckt er die Werke **Euklids**, außerdem macht er die persönliche Bekanntschaft → **Galileis** und → **Descartes'**. Deren betont mathematische Gedankenführungen faszinieren ihn. Er entwickelt seinen eigenen Stil, mittels logischer Argumentationsketten selbst die haarsträubendsten Thesen so glasklar werden zu lassen, dass ihnen einfach jeder zustimmen muss. 1640 flieht er aus Angst vor der bürgerlichen Revolution von England nach Paris. Doch 1651 veröffentlicht er sein Hauptwerk, den »Leviathan«, und das bringt ihm so viel Ärger ein, dass er zurück nach England geht, wo man ihn dann auch wieder gnädig aufnimmt. Hobbes stirbt im gesegneten Alter von 91 Jahren im englischen Hardwick.

Freunde

Hobbes ist ein argwöhnischer Charakter, der dem Menschen prinzipiell nur das Schlimmste zutraut. Aber er ist auch eitel: »Ein Mensch mag sich selbst so hoch einschätzen, wie er will; sein wirklicher Wert zeigt sich in dem Urteil der anderen.« Und deswegen versucht Hobbes auch immer wieder, anderen zu gefallen. Er zählt sicher nicht zu den verschlossenen Einsiedlern der Philosophiegeschichte.

Gegner

Hobbes' Hauptgegner sind die Christen. Denn denen missfällt, dass Hobbes nicht das Paradies als ursprünglichen Zustand des Menschengeschlechts sieht, sondern den »Kampf jeder gegen jeden«. An die Stelle von **Adam** und **Eva** setzt er den Menschen, »der dem anderen Menschen ein Wolf ist«. Außerdem betrachtet er den Staat nicht als höhere Institution von Gottes Gnaden, sondern als eine menschliche Erfindung, die bloß auf Zweckmäßigkeit ausgerichtet ist. Dieser Satz muss den damals politisch noch sehr aktiven Klerus wie ein Faustschlag ins Gesicht getroffen haben. Im Nachhinein ist es eigentlich ein Wunder, dass Hobbes so alt geworden ist.

Frauen

Das weibliche Geschlecht spielt in Hobbes' Leben keine Rolle – weder praktisch noch theoretisch.

Das System

Hobbes sieht den Menschen als gierigen Egoisten, der ausschließlich auf seinen eigenen Vorteil aus ist. Im natürlichen Rohzustand herrscht daher unter den Menschen der »Krieg aller gegen alle«. Kraft unseres natürlichen Wesens würden wir uns also am liebsten zerfleischen. Doch damit das nicht passiert, existiert der Staat. Er sorgt dafür, dass wir in Sicherheit miteinander leben können und nur noch ein Rest des kriegerischen Zustandes durchschimmert, nämlich in Gestalt von Kriegen, die die jeweiligen Staaten gegeneinander führen. Damit aber der Staat für inneren Frieden sorgen kann, muss er allmächtig sein, muss alle Gewalt von ihm ausgehen: Was er erlaubt, ist Recht; was er verbietet, Unrecht. Was er als Religion vorschreibt, wird geglaubt, alles andere ist Aberglaube. Nicht umsonst nennt Hobbes sein Werk über den Staat »Leviathan«, nach dem biblischen Ungeheuer, weil sein Staat ein Monstrum ist, das keinen Widerspruch duldet. Doch insgesamt sollte der Mensch froh sein, unter diesem Joch leben zu dürfen. Denn die Alternative wäre nur der natürliche Rohzustand, und in dem herrscht nichts anderes als Anarchie.

Hobbes' Trick

Hobbes lebt in einer unruhigen Epoche, überall schwelt es, die alten Pfeiler der Gesellschaft, also König und Papst, schwanken und drohen zu kippen. Die Folge: Hobbes' Zeitgenossen sind revolutionsmüde geworden, sie wollen endlich ihre Ruhe. Und da kommt der Philosoph mit seiner Forderung nach der starken Hand des Staates gerade recht.

Was gibt uns Hobbes heute?

Für Hobbes gibt es nur zwei Pole: das ungezügelte Böse, die Anarchie, und das gezähmte Böse, den Staat. Doch böse ist irgendwie alles, und darin liegt Hobbes unwiderstehlicher Reiz. Er schwafelt nicht von irgendwelchen Ideen des Guten oder höheren sittlichen Werten, sondern versorgt uns mit konkreten Ratschlägen, wie wir das Menschlich-Allzumenschliche in den Griff bekommen können. Mag sein, dass seine Ratschläge etwas rabiat klingen. Doch dafür bleibt er – im Unterschied zu vielen anderen Meisterdenkern – auf dem Boden der irdischen Realität.

Isaac Newton (1643–1727): Wahnsinn mit Methode

Leben

Newtons Vater stirbt kurz vor seiner Geburt, und die Mutter schiebt den kleinen Isaac zur Großmutter ab. Ein hartes Schicksal, das Newton zu einem Einzelgänger mit depressiven und neurotischen Zügen macht. In der Schule gilt er als Außenseiter, doch später zeigt sich dort seine enorme mathematische Begabung, so dass man ihn mit einem Stipendium für die Universität Cambridge ausstattet. Wegen einer Pestepidemie bleibt die Universität zwei Jahre lang geschlossen, und Newton nutzt diese Zeit für intensive Studien, in denen er die Infinitesimalrechnung, die Gravitationstheorie und die Natur des Lichts entdeckt. Newton wird Professor für Mathematik, und jetzt geht es in der Karriere eigentlich nur noch bergauf. 1696 wird er zum Direktor der Königlichen Münze, 1705 sogar geadelt. Doch glücklich wird er nie, man sieht ihn nur selten lachen. Newton arbeitet bis tief in die Nacht, oft vergisst er dabei das Essen und Trinken, sein äußeres Erscheinungsbild ist ihm egal. Wie besessen arbeitet er daran, seine Theorien hieb- und stichfest zu machen, seine Gegner verfolgt er mit abgrundtiefem Hass. In seinen letzten Jahren beschäftigt sich Newton, der als Mitbegründer der Naturwissenschaften gilt, fast nur noch mit Mystik und Alchemie. Er stirbt im Alter von 84 Jahren, man beerdigt ihn in der Westminster-Abtei in London.

Freunde

Newton hat viele Förderer, doch nur wenige Freunde. Eigentlich findet niemand richtigen Zugang zu seinem schwierigen und neurotischen Charakter.

Gegner

Newton reagiert überaus allergisch auf Kritik und wittert überall Plagiatoren – vor allem, als der deutsche Philosoph **Leibniz** zeitgleich mit Newton, aber unabhängig von ihm die Differentialrechnung entwickelt. Der englische Physiker fühlt sich so tief in seiner Eitelkeit gekränkt, dass er in diesem Streit auch nicht vor unfairen Mitteln zurückschreckt. So erscheinen zu seiner Verteidigung zahlreiche Artikel in den Zeitungen, die mit den Namen berühmter Wissenschaftler gezeichnet sind, tatsächlich aber aus der Feder Newtons stammen. Bei Leibniz' Tod empfindet er »eine tiefe Befriedigung«, das Herz seines Gegners gebrochen zu haben.

Frauen

Es gibt keinen Hinweis darauf, dass es den Entdecker der gegenseitigen Anziehungskraft von Körpern jemals zu einer Frau hingezogen hätte.

Das System

Epochemachend ist sicherlich Newtons Infinitesimalrechnung. Konnte man bis dahin nur mit festen Größen wie Zahlen oder geometrischen Figuren rechnen, so wird es mit seiner Methode möglich, auch zeitlich veränderliche Größen wie Geschwindigkeiten und Kräfte in Zahlen zu bestimmen. In seiner Lichttheorie weist er nach, dass weißes Licht durch eine Mischung aus farbigen Lichtkomponenten entsteht. Seine größte Tat ist aber sicherlich die Gravitationstheorie. Ausgehend von → **Galileis** Gesetzen zum freien Fall fragt er sich, warum reife Äpfel senkrecht auf den Boden fallen, der Mond aber nicht auf die Erde stürzt. Seine Antwort: Alle Körper ziehen sich proportional zu ihrer Masse an, und im Falle des Mondes wirkt eine Fliehkraft den Anziehungskräften so entgegen, dass der Erdtrabant in seiner Bahn bleiben muss. Nichtsdestoweniger bleibt die Anziehungskraft zwischen den beiden Körpern natürlich bestehen, wie man deutlich am Gezeitenwechsel von Ebbe und Flut erkennt.

Newtons T(r)ick

Es sind Zwänge und Depressionen, die Newton zu seinen schöpferischen Höchstleistungen peitschen. Seine neurotische Persönlichkeit lässt ihn unermüdlich an seinen Theorien basteln, bis sie absolut wasserfest sind. Und seine Depressionen lassen ihn in tiefe Seelenlöcher fallen, aus denen er immer wieder mit neuen Schaffensenergien emporsteigt, als wenn er seine »Depri-Phasen« genutzt hätte, um neue Kräfte zu tanken. Ein Mechanismus, den ja die moderne Psychiatrie als typisch für manisch-depressive Erkrankungen sieht.

Was bringt uns Newton heute?

Newton bringt zwar die Naturwissenschaften entscheidend voran, doch er zeigt auch, dass in der Natur etwas Bindendes zwischen allem ist, nämlich die Gravitation.

Ein Trost für alle, die glaubten, dass mit dem wissenschaftlichen Auseinanderpflücken zwangsläufig die Einheit der Welt verloren geht. Außerdem ist Newton noch weit von jener wissenschaftlichen Anmaßung entfernt, wie sie heute vor allem unter Medizinern üblich ist. Denn aus eigener Erfahrung weiß er, dass selbst die fleißigste Erkenntnisarbeit eher Fragen als Antworten schafft: »Das Wissen ist ein uferloses Meer: Je weiter wir vordringen, umso unermesslicher dehnt sich aus, was noch vor uns liegt; jeder Triumph des Wissens schließt hundert Bekenntnisse des Nichtwissens in sich ein.«

Immanuel Kant (1724–1804): A priori oder was?

Leben

Schon als Knirps beschäftigt sich Kant mit »dem bestirnten Himmel über mir und dem moralischen Gesetz in mir«. Er studiert zunächst Mathematik und Physik, fristet dann das trostlose Dasein eines Hauslehrers und wird schließlich Professor für Logik und Metaphysik in Königsberg. Sein Leben trägt pedantische, fast autistische Züge: Aufstehen, arbeiten und schlafengehen erfolgen stets nach denselben Ritualen, die Scheren und Messer in seiner Wohnung haben immer in derselben Richtung zu liegen, die Stühle immer an derselben Stelle zu stehen, und die Einwohner Königsbergs stellen sogar ihre Uhren nach den Spaziergängen des Philosophen. Auf einer Spazierfahrt, die länger dauert als erwartet, befällt ihn die nackte Angst und er beruhigt sich erst wieder, als man ihn an seiner Wohnung absetzt. Er ist diesbezüglich so etwas wie der »Rain Man« des 18. Jahrhunderts. Gleichzeitig aber ist er ein durchaus unterhaltsamer Geselle, Freunde rühmen seine »unzerstörbare Heiterkeit und Freude«. Er misstraut ärztlichen Verordnungen und stellt sich lieber seine eigenen Gesundheitsregeln auf. Als in seiner Umgebung ein Mann begraben wird, der am übermäßigen Gebrauch prophylaktischer Arzneimittel gestorben ist, bemerkt er trocken: »Er war gesund; weil er aber gesünder als gesund sein wollte, liegt er hier.« Was ihn wirklich stört, ist Lärm. Als ihm ein Hahn mit seinem Gekrähe auf die Nerven geht, will er dem Nachbarn das Tier abkaufen. Der lehnt jedoch ab – mit der Folge, dass Kant die Wohnung wechselt und in die Nähe des Stadtgefängnisses zieht. Kant stirbt im Alter von 80 Jahren in Königsberg, das er zeitlebens nie für längere Zeit verlassen hat. Seine letzten Worte: »Es ist gut.«

Freunde

Auch wenn Kant in seinem Leben und Denken strenge moralische Maßstäbe anlegt, ist er ein umgänglicher Zeitgenosse – sofern man ihn in Ruhe lässt und nicht aus seinem Alltagstrott herausreißen will. Zu seinen Fans zählen alle Politiker, die sich – zu Recht oder zu Unrecht – in preußischer Bescheidenheit als »Diener des Staates« bezeichnen, von **Friedrich dem Großen** bis zu **Helmut Schmidt**.

Gegner

Kaum ein anderer deutscher Philosoph hat einen derart großen Einfluss auf die Geistesgeschichte wie Immanuel Kant. Im täglichen Leben bevorzugt er jedoch den Umgang mit Männern aus dem praktischen Leben, wie etwa Seeleuten und Handwerkern. Zu den Geistesgrößen seiner Zeit pflegt er eher ein distanziertes Verhältnis, auf Kritik reagiert er relativ gelassen: »Widerlegt zu werden ist keine Gefahr, wohl aber, nicht verstanden zu werden.«

Frauen

Kant hat zweimal die Chance zur Heirat, doch beide Male wartet er zu lange mit dem Antrag, so dass ihm die Angebeteten durch die Lappen gehen. Keine praktischen Erfahrungen mit dem Liebes- und Eheleben also, doch dafür ist theoretisch alles unter Kontrolle. So definiert Kant die Ehe als »Verbindung zweier Personen verschiedenen Geschlechts zum lebenswierigen wechselseitigen Gebrauch ihrer Geschlechtseigenschaften«. Ansonsten rät er den Frauen dringend davon ab, sich mit Denken und Lernen zu belasten, denn so etwas »vertilgt die Vorzüge, die ihrem Geschlechte eigentümlich sind«. Letzten Endes aber bleiben dem Philosophen die Frauen ein Rätsel: »Der Mann ist leicht zu erforschen, die Frau hingegen verrät ihr Geheimnis nicht.«

Das System

Kants wesentliches Interesse gilt den Möglichkeiten des menschlichen Erkennens. In unendlicher Kleinarbeit findet er heraus, dass Erkenntnis keineswegs richtig beschrieben wird, wenn man sie so versteht, als bilde sich die Wirklichkeit im menschlichen Geiste ab. Der Mensch bringt vielmehr von sich aus eine Menge in den Erkenntnisprozess mit ein, nämlich die Vorstellungen von Raum und Zeit sowie die Grundbegriffe des Verstandes, die allesamt unabhängig von der sinnlichen Erfahrung, also *a priori* sind. Wenn wir eine Vase betrachten, sehen wir sie nicht, wie sie an und für sich ist, sondern wie sie uns aufgrund der Eigenschaften unseres Erkenntnisvermögens *erscheint*, wie sie sich im Kontext von Raum und Zeit sowie Verstandesbegriffen wie Ursache und Wirkung darstellt.
Keine Chance also, an das Ding an sich heranzukommen. Doch müssen wir deshalb in Resignation verfallen? Keineswegs, sagt Kant. Denn wir sind ja nicht nur erkennende, sondern auch handelnde Wesen. Und dort, auf dem Feld des praktischen Handelns, finden wir das Unbedingte, jenes »reine« Ding an sich, das wir in der

Erkenntnis nicht gefunden haben. Nämlich den kategorischen Imperativ: »Handle so, dass die Maxime deines Willens jederzeit zugleich als Prinzip einer allgemeinen Gesetzgebung gelten könne!« Eine Aufforderung, die unabhängig von der sinnlichen Erfahrung für alles gilt. Egal, ob es ums Klauen, Morden oder Betrügen geht. Wenn ich also schwanke, ob ich eines davon tun soll, muss ich gemäß dem kategorischen Imperativ fragen: Kann ich wollen, dass alle Menschen das tun? Wohl kaum. Und deswegen lass ich das Klauen, Morden und Betrügen sein – und würde daraufhin von Kant als »wahrhaft moralischer Mensch« bezeichnet werden.

Kants Trick

Der Philosoph aus Königsberg, der Geographie-Vorlesungen hält, ohne jemals ernsthaft seine Heimatstadt verlassen zu haben, zeigt uns, dass die äußere, sinnlich wahrgenommene Welt eigentlich überwunden ist. Raum und Zeit? Alles drin in unserem Kopf. Die Vorstellung von Ursache und Wirkung? Auch alles drin in unserem Kopf. Und die Moral? Erst recht drin in unserem Kopf, denn wäre sie es nicht, wäre sie abhängig von weltlichen Erscheinungen und damit letzten Endes untauglich zur Moral. Nicht in Gott oder Staat also, sondern in unserem eigenen Kopf finden wir das Rezept für ein erfülltes und wahrhaftes Leben. Ob das alles so stimmt, ist die Frage. Doch es klingt verheißungsvoll, und Verheißungen haben ein langes Leben, auch wenn sie möglicherweise Irrtümer sind.

Was gibt uns Kant heute?

Begriffe wie »Ding an sich« sowie »Raum und Zeit« kann man möglicherweise noch als überflüssige Spielerei im Elfenbeinturm abkanzeln, denn dem Normalbürger kann es egal sein, ob sein Kamm, sein Wohzimmer und der pünktliche Bundesliga-Anpfiff um 15:30 Uhr in der Welt sind oder aber in unserem Kopf – Hauptsache, sie sind da. Beim kategorischen Imperativ sieht das jedoch anders aus, denn der war noch nie so wichtig wie heute. Auf unserem Globus würde es nämlich friedlicher zugehen, wenn sich die Menschen nicht halbwegs legal nach irgendwelchen Gesetzesvorschriften durchs Leben mogelten, sondern sich hin und wieder ernsthaft fragten, ob mit ihren Wertvorstellungen generell ein Leben in der Gemeinschaft möglich wäre. Wahrscheinlich müssten die meisten da mit einem kategorischen Nein antworten – und genau da liegt der Knackpunkt und die Anfälligkeit unserer heutigen Moral.

Jean Jacques Rousseau

(1712–1778):

Natur pur

Leben

Rousseau büchst schon früh von zu Hause aus, um sich in unterschiedlichsten Berufen zu tummeln, vom Schreiberlehrling über den Handwerker bis zum Musikanten und Kammerdiener. Er schafft es sogar, dass man seine Opern am Hof von Versailles aufführt, wobei er allerdings durch seine nachlässige Kleidung dem Stück die Show stiehlt. Sein Durchbruch als Schriftsteller kommt 1749, als die Akademie von Dijon die Preisfrage stellt, ob die modernen Künste und Wissenschaften zur Verbesserung der Sittlichkeit beigetragen hätten. Rousseau beantwortet diese Frage mit einem klaren Nein. Er versteht die Künste und Wissenschaften nämlich nicht als Denkmale des Fortschritts, sondern als Kennzeichen des sittlichen Verfalls. Rousseau erregt damit in seiner fortschrittsgläubigen Zeit reichlich Aufsehen, sein Ruhm wächst. Sein Leben jedoch bleibt unstet, er wird zum selbstquälerischen Hypochonder und Melancholiker, der sein Heil auf dem Land sucht, es dort aber nicht findet. Er überwirft sich mit seinen Freunden, verfällt am Ende dem Verfolgungswahn. Mit 66 Jahren stirbt Rousseau in der Nähe von Paris. Verbittert und voller Hass: »Speien nicht die Vorübergehenden vor mir aus, statt mich zu grüßen? Belustigt sich nicht eine ganze Generation damit, mich lebendig zu begraben?«

Freunde

Durch sein vielfältiges Talent findet Rousseau zahlreiche Förderer wie **Diderot** und **David Hume**, die sich ihm zum Teil auch tief verbunden fühlen. Am Ende siegt bei Rousseau jedoch der Verfolgungswahn, so dass er sich schließlich auch mit seinen besten Freunden überwirft.

Gegner

Rousseau plädiert als Gesellschaftskritiker für eine natürliche und ungekünstelte Lebensweise, dementsprechend finden sich seine meisten Feinde dort, wo man Wert auf gepflegte Sitten und hohe intellektuelle Standards legt. Wie etwa bei dem Philosophen und Schriftsteller **Voltaire**. Der geistreiche und für seine Ironie berühmte Lebemann vergisst in der Auseinandersetzung mit Rousseau seine gute Erziehung und beschimpft seinen Gegner als »Monstrum«, »Krebsgeschwür« und »wildes Tier«. Von Rousseau bekommt er freilich nicht minder deftige Nettigkeiten zurück.

Frauen

In seinem pathologischen Hang zur Offenheit macht Rousseau auch um sein Liebesleben keine Geheimnisse. Er gesteht seinen Hang zum Auspeitschen-Lassen und zur Onanie, hin und wieder frönt er auch dem Exhibitionismus, was ihm beinahe Prügel einbringt. Er mimt den Geliebten einer extravaganten und älteren Dame und vergnügt sich mit Kurtisanen, um dann endlich ganz normal mit einer Dienstmagd vor den Traualtar zu treten. Aus dieser Beziehung entstehen insgesamt fünf Kinder. Rousseau, der große Pädagoge und Autor des

Erziehungsromans »Emile«, bringt sie allesamt ins Findelhaus – weil sie ihm zu viel Lärm machen und zu viel Geld kosten.

Das System

Im Gegensatz zu → **Thomas Hobbes** betrachtet Rousseau den Menschen im Rohzustand seiner Natürlichkeit als Paradieswesen: einfache Tugenden, animalische und unkomplizierte Liebesbeziehungen, Unabhängigkeit, die Abwesenheit der zersetzenden Vernunft. Doch leider ist dieses Paradies Vergangenheit, es ist überdeckt und verdrängt durch Kultur, Wissenschaft und Staat, die Rousseau deswegen auch nicht als Segen, sondern als Fluch der Menschheit betrachtet. Ziel müsse es vielmehr sein, den Menschen wieder zu seiner Natur zurückzuführen. Politisch durch einen *Gesellschaftsvertrag*, der die Macht nicht nach vorherrschenden Eigentumsverhältnissen aufteilt, sondern durch freie demokratische Wahlen legitimiert. Und pädagogisch durch eine Erziehung, die das Kind fernhält von den zersetzenden und widernatürlichen Kräften des Gesellschaftslebens. Der Mensch muss lernen, so fordert es Rousseau, den Kopf aus- und dafür wieder sein Herz einzuschalten. Denn hier, im Zentrum unseres Gefühlslebens, vermutet Rousseau den wahrhaften Sitz der menschlichen Moral: »Denn alles, was ich als gut empfinde, ist gut; und alles, was ich als böse empfinde, ist böse.« Die Vernunft trägt hier nichts zum Erkenntnisgewinn bei. Im Gegenteil. Sie vernebelt nur unser natürliches Gespür für das, was gut und richtig ist.

Rousseaus Trick

Rousseaus besonderer Kniff besteht darin, dass er uns eine Utopie als erreichbare Realität verkauft. Indem er sagt, dass das Paradies in uns steckt, nämlich in unserer ureigensten Natur, suggeriert er uns, dass wir dieses Paradies auch wirklich erreichen können. Tatsache ist freilich, dass der Mensch von Grund auf unnatürlich ist. So wie die Feldmäuse Höhlen buddeln und sich Lemminge in die Tiefe stürzen, bauen wir eben Häuser aus Beton und rollen wir Gummihäute über unsere Geschlechtsorgane. Unsere eigentliche Natur besteht gerade in unserer Unnatur, und deswegen werden wir Rousseaus Paradies nicht erreichen können.

Was gibt uns Rousseau heute?

Rousseau spricht all jenen aus dem Herzen, die in Anbetracht des ungehemmten technischen Fortschritts der letzten Jahre ein tiefes Unbehagen fühlen. Doch obwohl dieses Unbehagen stetig wächst, bleibt Rousseaus Fan-Gemeinde eher klein, angesagt sind vielmehr andere Pädagogen wie → **Montessori** und → **Steiner**. Vielleicht liegt es ja daran, dass Rousseaus Leben alles andere als vorbildlich war. Oder aber daran, dass er als Vordenker der französischen Revolution (selbst der alte → **Kant** fand ihn klasse!) schon fast zu sehr Mainstream ist, als dass man sich heute als kritischer und alternativer Geist noch zu ihm bekennen dürfte. Oder daran, dass letzlich doch niemand Bock auf den reinen Naturzustand ohne Zentralheizung und Lebensversicherung hat. Oder einfach daran, dass ihn kaum mehr jemand kennt, den alten Jean-Jacques.

Marquis de Sade (1740–1814): Sado-Maso aus der Gefängniszelle

Leben

De Sade wird in Paris geboren, als Abkömmling eines traditionsreichen Adelsgeschlechts. Im Alter von vier Jahren kommt er zur Großmutter, »deren allzu blinde Zärtlichkeit«, wie er später berichtet, »in mir alle Fehler nährte«. Später versucht man, ihn auf die Militärlaufbahn vorzubereiten, doch der junge Adlige fällt mehr durch wüste Frauen- und Zockergeschichten auf. 1763 verheiratet man ihn – wegen der bedrohlichen Ebbe in der Familienkasse – mit **Renée**, der Tochter eines Finanzbeamten. Die neue finanzielle Unabhängigkeit nutzt de Sade für seine Studien zu den Abgründen seiner eigenen Sexualität. Da jedoch davon immer mehr Details – garniert mit frei erfundenen Horrorgeschichten – an die Öffentlichkeit kommen, wandert er 1778 ins Gefängnis: »Ich bin in einem Turm hinter 19 eisernen Türen eingesperrt. Licht erhalte ich durch zwei kleine Fenster, von denen jedes mit 20 Stäben vergittert ist.« Was jedoch de Sade nicht daran hindert, eine unerschöpfliche Schaffenskraft als Schriftsteller zu entfalten. 1790 folgt dann, im Zuge der französischen Revolution, seine Freilassung. Man ernennt ihn zum Richter, in welcher Funktion er die Abschaffung der Strafen für sexuelle Unzucht fordert, »denn das eigentliche Verbrechen besteht darin, den natürlichen Neigungen zu widerstehen und sie zu bekämpfen«. Die frisch gebackene Demokratie kann damit jedoch nur wenig anfangen. De Sade wird enteignet und kommt noch einmal ins Gefängnis, 1803 schließlich wegen seines »unbekehrbar anstößigen Betragens« ins Irrenhaus. Dort entfaltet er noch einmal eine intensive Tätigkeit als Autor und Regisseur von Theateraufführungen. Er stirbt im Alter von 74 Jahren an Asthma. Man setzt ihn nach katholischem Ritus bei – gegen den ausdrücklichen Willen de Sades, der in seinem Testament gefordert hat, »dass die Erinnerung an mich aus dem Menschengeist ausgelöscht wird«.

Freunde

Im Grunde gibt es nur einen Menschen, der zumindest anfangs noch treu zum Marquis hält, nämlich seine Ehefrau Renée: »Mein Herz schlägt für Dich und wird Dich immer lieben.« Ihr Gatte empfindet für sie im Gegenzug eine Art von Anhänglichkeit, ihre moralische Befangenheit kann er jedoch nur verspotten, und als sie einige seiner sexuell anstößigen Manuskripte verbrennen lässt, packt ihn die blanke Wut. Nichtsdestoweniger entstammen der Ehe drei Kinder, die der Vater aufgrund seiner langjährigen Gefängnisaufenthalte freilich nur selten sehen kann. 1790 lässt sich Renée scheiden. Die Trennung bedeutet für den Marquis den finanziellen Ruin, doch er tröstet sich schon wenig später mit einer jungen Schauspielerin.

Gegner

De Sade ist hochintelligent und beredt. Seine Mitmenschen lässt er häufig genug spüren, dass er sie für dumm und korrupt hält, vor allem dann, wenn sie sich selbst für klug und moralisch integer halten. Klar, dass der Marquis deswegen nicht unbedingt geliebt wird. Es gelingt ihm jedoch – im Unterschied zu vielen anderen seiner einflussreichen Zeitgenossen – die Revolutionswirren lebend zu überstehen und eines natürlichen Todes zu sterben.

Frauen

De Sade hat in seinem Leben mindestens vier Frauen ebenso leidenschaftlich wie unsadistisch geliebt. Aus den unterschiedlichsten Gründen gehen diese Beziehungen jedoch in die Brüche, so dass de Sade später die Liebe nur noch als »fluchwürdige Angewohnheit« bezeichnen kann, »physische und psychische Dinge miteinander zu kombinieren«. In seinen Romanen sind die Frauen entweder blöd-naive Jungfrauen oder aber sexbesessene Monster, die sich von ganzen Männerlegionen begatten lassen und darüber akribisch Buch führen. Seine Sympathien schenkt der Autor freilich ganz klar den Monstern: »Ihre Seelen sollen abgehärtet sein und sich niemals von Empfindsamkeit leiten lassen.« Nur so könnten sie ihrem Ziel näher kommen, nämlich der Freiheit und Unabhängigkeit von »widernatürlichen« moralischen Gesetzen. Auf seine eigene Weise kann man de Sade also getrost als einen Feministen bezeichnen. Vom braven Familienweibchen will er jedenfalls, im Unterschied zu den meisten anderen Philosophen, nichts wissen: »Fast alle keuschen Frauen sterben jung oder werden verrückt, gelähmt, geschwächt zur Zeit ihrer Blutungen. Sie haben daher alle einen bitteren, herrschsüchtigen Charakter, der sie in der Gesellschaft unerträglich macht.«

Das System

Leider ist nur ein Bruchteil von dem erhalten, was uns der Marquis tatsächlich hinterlassen hat – viele seiner Manuskripte wurden damals vernichtet. Was jedoch in den erhaltenen Schriften durchgängig anklingt, ist de Sades unermüdlicher Kampf gegen die Moral: »Alle unsere Handlungen sind weder gut noch böse, und wenn sie der Mensch so bezeichnet, so geschieht es nur im Hinblick auf die Gesetze oder die herrschende Gewalt.« Unsere Wertvorstellungen sind also stets abhängig vom jeweils herrschenden System. Was heute in der Demokratie gut ist, galt in der Aristokratie zum großen Teil als böse, und umgekehrt. Und wer von beiden Recht hat, kann niemand sagen, weil es nämlich in Bezug auf Gut und Böse keine Wahrheit gibt, sondern nur historisch vorübergehende Gültigkeiten. Deswegen haben auch natürliche Vorgänge keinen höheren Sinn als eben den, dass sie uns in einem bestimmten Augenblick Lust verschaffen. Beispiel: Sex. Sein Sinn besteht nicht etwa in der Fortpflanzung, wie es uns kirchliche Kreise glauben machen wollen, sondern einzig in der Lust. »Die Natur gestattet uns die Fortpflanzung«, erklärt de Sade, »aber man muss sich hüten, diese Erlaubnis für einen Befehl zu halten.« Nicht umsonst ist de Sade ein entschiedener Verfechter von gleichgeschlechtlichem Sex, dessen unermüdliche Praxis ihm ein Todesurteil einbringt, das erst nach langen Verhandlungen in eine Haftstrafe umgewandelt wird.

De Sades Trick

Selbst Hartgesottenen bleibt beim Lesen der de Sadeschen Schriften der Atem weg. Egal, ob Inzucht, Sodomismus, Auspeitschen, Pfählen, Kannibalismus und Enthauptungsmaschinen: Es gibt kaum eine sexuelle oder nicht sexuelle Untat, die er nicht thematisiert hätte. De Sade ist »really shocking«, sein Name war Taufpate für den berühmten Sadismus. Das alles garantiert ihm einen hohen Bekanntheitsgrad – hat aber auch den Haken, dass vor diesem Hintergrund seine philosophischen Verdienste, nämlich sein Kampf gegen Kirche und verlogene Moralgesetze, zu wenig gewürdigt werden.

Was gibt uns de Sade heute?

Es sind nicht die von ihm beschriebenen Exzesse und Grausamkeiten, die den historischen Verdienst von de Sade ausmachen – denn die gab es schon vor ihm, man denke nur an die Orgien unter **Caligula**. Das eigentlich Faszinierende sind die Charaktere seiner Hauptakteure. Denn die sind allesamt hochintelligent und für jede Spielerei zu haben, bleiben während ihrer Brutalitäten unnahbar und kalt wie Hundeschnauzen. Der Marquis de Sade lehrt uns, dass die wirklich großen Untaten der Weltgeschichte nicht von heißblütigen Schwärmern ausgeübt werden, sondern von kaltblütigen Vernunftmenschen, die Spaß an witzigen Spielchen haben.

Georg Wilhelm Hegel

(1770–1831):
Dialektik ist schick

Leben

Schon als Knirps in Stuttgart fällt Hegel durch altkluge Sprüche auf, auf der schwäbischen Theologenschule verpassen ihm seine Kumpels **Hölderlin** und **Schelling** den Spitznamen »der alte Mann«, weil er immer den seriösen und gesetzten Moralisten mimt. Als Schelling mit zarten 23 Jahren bereits Professor ist, vermittelt er den als Hauslehrer herumdümpelnden Hegel als Privatdozent an die Universität Jena. Und damit hört dort der Spaß auf. Die Studenten beschreiben Hegels Vortragskunst: »Abgespannt, grämlich saß er mit niedergebücktem Kopf in sich zusammengefallen da«, die Worte kämen nur »widerwillig aus ihm heraus«, seine Stimme klinge »leer wie Metall«, und der »breite schwäbische Dialekt« setze dem Ganzen noch die Krone auf. Nichtsdestoweniger gelingt es Hegel mit 46 Jahren, endlich Professor zu werden. Erst in Heidelberg, dann in Berlin. Und er verzückt nicht nur mit seinen Vorlesungen, sondern auch mit Büchern: gigantischen und unbarmherzigen Monstern, die einen schon beim Tragen aus dem Lesesaal einknicken lassen – und die einem beim Lesen den Rest geben. Sätze wie »Die Materie ist nichts anderes als ihr leidendes Vermögen« sind ernsthafte Aufforderungen an den Philosophie-Studenten, doch besser zur Lektüre von Asterix zu wechseln, um dem geistigen Kollaps zu entgehen. Wie der Dichter **Heinrich Heine** berichtet, soll Hegel auf dem Totenbett mit den verdrießlichen Worten gestorben sein: »Nur einer hat mich verstanden – und der hat mich auch nicht verstanden.«

Freunde

Hegel ist sicherlich kein spontaner und sympathischer Herzöffner, doch es gelingt ihm, geniale und romantische Seelen wie Hölderlin und Schelling zu seinen Freunden zu machen, die dann sogar dafür sorgen, dass aus ihrem »alten Mann« erst ein Hauslehrer und dann ein Privatdozent wird. Interessant ist auch, dass Hegel in geselligen Runden durchaus den Schalter von preußisch-humorlos auf französisch-charmant zu stellen vermag. »Außerordentlich gefiel sich Hegel«, so erzählt es ein Biograph, »in der Gesellschaft der Berliner Frauen, so wie sie umgekehrt den guten und scherzreichen Professor bald mit Vorliebe hegten und pflegten.«

Gegner

Die Anhänger einer klaren und deutlichen Sprache gehören in der Regel zu den energischsten Gegnern Hegels. So etwa → **Arthur Schopenhauer**, der den Berliner Philosophieprofessor einen »platten, geistlosen, ekelhaft-widerlichen, unwissenden Scharlatan« nennt, dessen Werk nichts anderes sei als eine »philosophische Hanswurstiade« und das »Zusammenschmieren sinnloser, rasender Wortgeflechte, wie man sie bislang nur in Tollhäusern vernommen hat«. Hegel selbst ist aber auch nicht gerade zimperlich. Er tauscht schon mal Handgreiflichkeiten mit Professorenkollegen aus und die Logik des großen **Kant**-Interpreten **Jakob Fries** nennt er »gänzlich seicht, geistlos, kahl, trivial, das saloppeste unzusammenhängendste Kathedergewäsch, das nur ein Plattkopf in der Verdauungsstunde von sich geben kann«. Die Kanonaden des Schimpf-Genies Schopenhauer haben also wohl doch den Richtigen getroffen.

Frauen

Schon im Knabenalter philosophiert Hegel über den »Charakter des weiblichen Geschlechts«. Umwerfend neue Erkenntnisse bringen ihm diese Reflexionen allerdings nicht, denn noch später, als honoriger Professor, gibt er zu dem Thema nicht viel mehr als Stammtischweisheiten von sich: »Frauen können wohl gebildet sein, aber für die höheren Wissenschaften, die Philosophie und für gewisse Produktionen der Kunst, die ein Allgemeines fordern, sind sie nicht gemacht.« Immerhin tritt Hegel 1811 in den Stand der Ehe, und zwar mit **Marie**, die über 20 Jahre jünger ist als er. Aus der Ehe entstehen zwei Söhne. Problematisch wird allerdings, dass man noch jemanden in die Familie aufnehmen muss, nämlich einen Jungen, den Hegel in vorehelichen Zeiten produziert hat. Dessen Integration gelingt allerdings nie, sie ist wahrscheinlich auch nicht beabsichtigt: Hegels unehelicher Sohn verabschiedet sich schließlich in die Fremdenlegion.

Das System

Am bekanntesten ist Hegel sicherlich durch seine Dialektik. Ihr grundsätzliches Prinzip von These + Antithese = Synthese ist zwar schon vor ihm bekannt (ein Vorgeschmack begegnete uns erstmals bei → **Heraklit**), doch die Hegelsche Synthese ist etwas Besonderes, weil sie keine bloße Überwindung von These und Antithese ist, sondern deren Aufhebung. Und zwar Aufhebung im dreifachen Sinne des Wortes: Im Sinne von »Beseitigen« (etwa: Ein Gesetz wird aufgehoben), im Sinne von »Bewahren« (etwa: Ich hebe dir das Essen für später auf) und im Sinne von »Emporheben« (etwa: Ich habe einen Cent vom Boden aufgehoben). Die Hegelsche Synthese ist also kompletter als andere, weil sie gleichzeitig vernichtet, konserviert und zum Himmel strebt. Und weil das so toll klingt, will Hegel seine Dialektik gleich überall am Wirken sehen. Also nicht nur in unserem Denken, sondern auch in Wirklichkeit und Geschichte. Letztere ist denn auch für Hegel nichts anderes als die Entwicklung eines »Weltgeistes«, der sich der Einzelpersönlichkeiten bedient, um sich – von einem dialektischen Schritt zum nächsten, von einer Synthese zur nächsten – immer weiter zu entwickeln, bis zu seinem vollkommenen Ende, wo er komplett in sich ruht. Klingt schön, und es kommt noch besser. Denn Hegel ist tatsächlich davon überzeugt, dass die geschichtliche Entwicklung just in seiner Zeit zum Zenit gekommen wäre. Politisch nämlich in der Gestalt Preußens, und philosophisch – wer hätte das gedacht? – in der Gestalt Hegels. Eine Horde von friderizianischen Lackaffen mit einem miesepetrigen Professor als geschichtlicher Endzustand!!! Was für ein Glück, dass der Weltgeist dann doch wieder darüber hinausgegangen ist.

Hegels Trick

Es dauert lange, bis Hegels Stern am Philosophenhimmel zu leuchten beginnt. Doch dann leuchtet er umso gewaltiger. Dazu trägt am Anfang sicherlich bei, dass seine Philosophie wunderbar zur Hybris und den Anmaßungen des herrschenden Preußentums passt. Es ist aber auch Hegels Art, die ihn beliebt macht. Zu seiner Zeit, wo es an allen Ecken und Enden Revolutionen gibt, haben die Leute genug von charmanten und heißblütigen Rhetorikern, aus deren Versprechungen dann doch nichts wird. Ihnen kommt der spröde und missmutige Professor gerade recht, seine unattraktiven Charaktermerkmale werden ihm geradezu als Pfand für Glaubwürdigkeit ausgelegt. Seinen nachhaltigen Ruf bis in die Gegenwart verdankt Hegel aber sicherlich der Tatsache, dass → **Marx** ihn zum Vordenker erkoren hat. Ohne den berühmten Ur-Kommunisten wäre Hegels Name heute allenfalls noch Insidern ein Begriff.

Was bringt uns Hegel heute?

Die Hegelsche Dialektik hat sicherlich ihren Charme. Denn jeder hat schon einmal die Erfahrung gemacht, dass er in seinen Urteilen über Menschen oder Dinge von einem Extrem zum nächsten geht, um dann schließlich die »goldene Mitte« zu finden, die auch noch etwas mehr ist als nur der Kompromiss aus den vorherigen Gegensätzen. Doch ist dieser Mechanismus wirklich die Regel? Wohl nicht, denn er ist einfach zu schön, um wahr zu sein. Wer sich einmal für fünf Minuten zurücklehnt und seinen Gedanken nachhängt, wird sehen, wie wenig er deren Lauf vorschreiben kann. Was unser Denken angeht, sind wir eben nicht Herr im Haus, sondern vor allem Knecht. Daran ändert auch ein preußischer Professor nichts.

Arthur Schopenhauer

(1788–1860):

Von Liebe, Lust und Langeweile

Leben

Schopenhauer wird in eine Danziger Kaufmannsfamilie hineingeboren, und er lernt auch zunächst – auf Druck des Vaters – den Kaufmannsberuf. Nach dessen Tod zieht es Arthur jedoch zur Universität, um Philosophie zu studieren. Nichtsdestoweniger bleibt er ein cleverer Kaufmann, dem es gelingt, das väterliche Erbe so geschickt zu vermehren, dass er nie wieder arbeiten muss und als unabhängiger Gelehrter leben kann. Im Alter von 30 Jahren schreibt er sein Hauptwerk: »Die Welt als Wille und Vorstellung«. Es präsentiert sich als leidenschaftliches Meisterstück eines jungen Genies, und es enthält bereits vollständig die Prinzipien der Schopenhauerschen Philosophie – die danach folgenden Bücher können ihm nichts Neues mehr zufügen. Beachtung in der Öffentlichkeit findet es jedoch zunächst nicht, und als sich das endlich zu ändern beginnt, ereilt Schopenhauer der Tod: Mit 72 Jahren stirbt er unerwartet am Herzschlag. Seine Grabplatte in Frankfurt trägt seinen Namen und sonst nichts.

Freunde

Schopenhauers abgrundtiefer Pessimismus und Welthass bringen ihm zwangsläufig nur wenig Freunde. Was ihn freilich nur wenig stört, weil er Geselligkeit ohnehin zu den »gefährlichsten Neigungen überhaupt« zählt,

»da sie uns in Kontakt bringt mit Wesen, deren große Mehrzahl moralisch schlecht und intellektuell stumpf ist«. Schopenhauer hält sich lieber an seinen Pudel, mit dem er lange Spaziergänge unternimmt, die ihn zeit seines Lebens bei bester Gesundheit halten. Was ihn aber hart trifft, ist, dass die Öffentlichkeit ihn lange ignoriert und sich lieber seinem Erzfeind → **Hegel** zuwendet.

Gegner

Schopenhauer betrachtet praktisch die ganze Welt als Feind, vor allem aber die Universitätsphilosophie. Als Dozent in Berlin legt er seine Vorlesungen parallel zu den Stunden, in denen der damals berühmte Hegel liest – und wundert sich dann, dass kaum jemand zu ihm kommt. Überhaupt Hegel: Schopenhauer bezeichnet ihn als »Tollhäusler« und »geistigen Kaliban«, der »Afterweisheiten« und »absoluten Unsinn« verbreitet. Schopenhauers Ausfälle gegen Hegel sind in der Philosophiegeschichte sicherlich einzigartig.

Frauen

Kein Philosoph hasst die Frauen mehr als Arthur Schopenhauer. »Schon der Anblick der weiblichen Gestalt lehrt«, so eine seiner Weisheiten zum Thema »Weib«, »dass es weder zu größeren geistigen noch körperlichen Arbeiten bestimmt ist.« Und während andere Denker den Frauen wenigstens Schönheit zugestehen, behauptet Schopenhauer: »Das niedrig gewachsene, schmalschultrige, breithüftige und kurzbeinige Geschlecht das schöne nennen konnte nur der vom Geschlechtstrieb umnebelte männliche Intellekt.« Auch im Alltag zeigt sich der Philosoph nicht unbedingt als Kavalier. Als ihn eine Näherin mit ihrem »Geschwätz« auf die Nerven geht, stößt er sie so brutal um, dass er ihr bis zu ihrem Lebensende eine Rente zahlen muss. Die Gründe für Schopenhauers Frauenhass liegen einerseits in seiner Mutter, einer eitlen Schriftstellerin, die sich gern mit der High Society ihrer Zeit umgibt (wozu auch Goethe gehört), und in seinem ungeheuren Geschlechtstrieb, der dann auch als »Gattungswillen« zum zentralen Thema seines Philosophierens wird.

Das System

Schopenhauer liefert uns eine Mischung aus indischem → **Buddha** und preußischem → **Kant**. Sein Buddha sagt uns: Das Leben ist ein ewig währendes Leiden, und schuld daran ist der Wille, der tief unten in unserem Unbewussten wirkt. Denn er sorgt dafür, dass Leben überhaupt in Aktion tritt, dass wir essen und trinken, dass wir einander begehren und uns vermehren; und er bestimmt auch, ob und wie wir handeln und denken. Immer drängt es den Willen nach Erfüllung, und so lange die Erfüllung ausbleibt, spüren wir Schmerz, und sofern sie da ist, überfällt uns Langeweile. Schmerz und Langeweile bestimmen also den Inhalt des Daseins, und deswegen steht für Schopenhauer fest: »Jede Lebensgeschichte ist eine Leidensgeschichte.« Trostlos. Und den letzten Rest gibt uns dann noch der Schopenhauersche Kant, der uns sagt, dass wir in einer Scheinwelt leben, weit davon entfernt, dem Ding an sich auf die Schliche zu kommen: »Der Mensch kennt keine Sonne und keine Erde, sondern immer nur ein Auge, das die Sonne sieht, und eine Hand, die die Erde fühlt.« Die Welt also als Leiden und Lüge. Bleibt die Frage, ob es daraus einen Ausweg gibt. Schopenhauer antwortet darauf mit einem klaren Ja. Es gebe sogar zwei. Einmal ästhetisch, indem wir den Willen verneinen und hinter die Erscheinungen gucken: Kunst und Musik. Gerade der Musik kommt im Erlösungs- und Befreiungsprozess des Menschen eine Schlüsselrolle zu, weil sie den Willen selbst und damit das Wesen der Welt darstellt – weswegen sie auch so intensiv auf unser Seelenleben wirkt. Der andere Weg ist ethischer Natur, indem er Entsagung und Mitleid einfordert. Entsagung, um die Kraft des Willens zu brechen. Mitleid, um durch das Leiden am Anderen das eigene, subjektive Leiden zu überwinden. Also: Askese statt Langnese, und großes Herz statt eigener Schmerz. Hier trägt Schopenhauers Denken am Ende doch deutlich religiöse Züge.

Schopenhauers Trick

Schopenhauer poltert und schimpft mit gigantischer Sprachgewalt, allein seine Ausbrüche gegen Hegel und die »Weiber« bringen ihn in die Ewigkeit. Darüber hinaus ist er aber auch ein Schmeichler. Er schmeichelt nämlich den Künsten und vor allem der Musik, der er einen besonderen Zugang zum Wesen der Welt zugesteht. Dadurch wird er zum Musiker-Philosoph schlechthin, und es sind dann auch berühmte Musiker wie **Richard Wagner**, die Schopenhauers Andenken weitertragen.

Was gibt uns Schopenhauer heute?

Mit der Synthese von Kant und Buddha belegt Schopenhauer, dass das abendländische und das asiatische Denksystem gar nicht so weit auseinanderliegen, wie viele meinen. Außerdem zeigt er uns – lange vor → **Freud** –, dass wir in unserem Denken und Handeln nicht frei sind, sondern an der straffen Leine eines unbewussten Willens hängen. Nicht ich will, sondern es will in mir. Diesen Satz sollten wir uns vor Augen halten, wenn wir uns gerade mal wieder selbstgefällig mit irgendeiner Großtat schmücken. Dadurch lernt man nämlich, seine Leistungen realistisch einzuschätzen.

Charles Darwin (1809–1882): Nur die Tückischen überleben

Leben

Der im englischen Shrewsbury geborene Darwin sammelt schon als Kind fleißig Muscheln, Insekten, Vogeleier und Steine. 1825 beginnt er mit dem Medizinstudium, doch dessen Vorlesungen findet er langweilig und die Operationen einfach nur widerlich, weswegen er zur Theologie wechselt, um danach für eine Weile als Landpfarrer zu arbeiten. Durch die Vermittlung von Freunden fährt er 1831 mit dem legendären Erkundungsschiff »Beagle« auf Exkursion, unter anderem zu den Galapagos-Inseln. Die unzähligen Naturbeobachtungen und Lesestunden der fünfjährigen Seereise machen ihn zum überzeugten Anhänger der (bereits existierenden) Evolutionstheorie. Demzufolge sind die Tier- und Pflanzenarten nicht das Produkt einer Schöpfung, die sie mit festgelegten Merkmalen und Fähigkeiten ausgestattet hat, sondern die Folge eines Anpassungsprozesses, der den Lebewesen das Überleben in einer sich verändernden Umwelt sichert. Darwin macht sich daran, die wissenschaftlichen Grundlagen für dieses Modell zu liefern. 1842 zieht er sich, gebeutelt von rätselhaften Angstattacken und einer Viruserkrankung, die er sich auf der Weltumsegelung zugezogen hat, als Privatgelehrter aufs Land zurück. Hier schreibt er »Über die Entstehung der Arten«, indem er mit dem Selektionsprinzip, der »natürlichen Auslese«, gewissermaßen den Antriebsmotor für die Evolution herausarbeitet. Das Buch wird zum Bestseller, genauso wie das später publizierte »Die Abstammung des Menschen«, in dem er den Menschen als

Endpunkt einer langen tierischen Entwicklungskette darstellt und damit die Bibel-Geschichten von **Adam, Eva** und dem Abbild Gottes zu den Akten legt. Zum Ende seines Lebens werden Darwins Angstattacken für ihn zum »unerträglichen Ärgernis«. Er stirbt, 73-jährig, im Kreise seiner Familie.

Freunde

Ohne die Hilfe von einflussreichen Freunden wäre Darwin nie als wissenschaftlicher Begleiter auf der »Beagle« gelandet, denn eigentlich fehlt ihm – er hat ja lediglich das Theologie-Studium zum Abschluss gebracht – dazu die notwendige Qualifikation. Deswegen wird er auf dem Schiff auch nicht als offizieller Forscher geführt, sondern als »standesgemäße Begleitung des Kapitäns«. Für die Biologie ist es sicherlich ein Glücksfall, dass man damals weniger auf Formalitäten als auf gute Beziehungen Wert legte.

Gegner

Mit seiner These, wonach Tier und Mensch verwandte Lebewesen mit gemeinsamen Vorfahren sind, stößt Darwin in seiner Zeit auf kräftigen Widerstand. Die Medien karikieren ihn als Affen, der seine Hände als Gehhilfe einsetzt, und zeigen ihn, wie er sich auf einer Feier mit einem grinsenden und gut gekleideten Gorilla unterhält. Darwin lässt sich jedoch davon nicht beirren und arbeitet unermüdlich weiter.

Frauen

Seiner Frau **Emma** verdankt es Darwin, dass er sein enormes Arbeitspensum bewältigen kann. Denn als chronisch Kranker ist er auf ständige Fürsorge angewiesen, und ohne Emma hätte er sich aufgrund seiner Angstattacken gar nicht mehr aus dem Haus getraut. Ihre Aufopferungsbereitschaft ist umso bemerkenswerter, als sie noch zehn Kinder zur Welt bringt und zudem als strenggläubige Christin große Probleme mit den Abstammungslehren ihres Mannes hat. In Bezug auf die Rolle der Frau äußert sich Darwin in seinen Schriften allerdings eher konservativ: Er versteht deren Evolutionsarbeit in erster Linie als Mutterarbeit.

Das System

Jede Tier- und Pflanzenart neigt dazu, sich so stark zu vermehren, dass nicht mehr genug Nahrung für alle da ist. Doch trotz dieser Tendenz kommt es in der Regel nicht zur Katastrophe, sondern die Zahl der Individuen stabilisiert sich auf einem Niveau, mit dem alle gut leben können. Ein merkwürdiges Paradox, denkt sich Darwin, für das es eine Erklärung geben muss. Und er findet sie im Prinzip der natürlichen Auslese. Demzufolge produziert eine biologische Art immer wieder Nachkommen mit winzig kleinen Veränderungen, so genannten »Transmutationen«. Von denen überleben jedoch nur solche, die den Erfordernissen der Umwelt angepasst sind, während die Unangepassten schon bald wieder verschwinden. Und die angepassten Mutanten überleben nicht nur, sie produzieren auch Kinder, Enkel, Urenkel und viele weitere Generationen, in denen sich wiederum die leistungsstarken Mutanten durchsetzen, bis am Ende eine neue Art entstanden ist. Sämtliche Tier- und Pflanzenarten, und damit auch der Mensch, sind also laut Darwin das Produkt eines Ausleseprozesses, den nur die Individuen mit den besten Anpassungsstrategien überleben. Ein Prinzip, das als »Survival of the fittest« in die Geschichte eingegangen ist – und für allerlei Missverständnisse gesorgt hat.

Darwins Trick

Darwin versteht es meisterhaft, die breite Öffentlichkeit für sich zu gewinnen. So beginnt er zunächst damit, seine Theorien einem ausgewählten Kreis von Wissenschaftlerkollegen vertraut zu machen, um dann mit seinem Hauptwerk (»Die Entstehung der Arten«) erst an die Öffentlichkeit zu gehen, als er sich schon einen Ruf als anerkannter Forscher gemacht hat. Außerdem verzichtet er in diesem Buch auf eine verquaste Fachsprache, so dass es auch von Nicht-Biologen verstanden wird. Dadurch wird Darwin schon zu Lebzeiten zur Legende. Und die Legende lebt noch immer. Noch heute verbindet man im öffentlichen Bewusstsein die Evolutionstheorie fast ausschließlich mit Darwins Namen, obwohl er sie gar nicht erfunden, sondern lediglich mit wissenschaftlichen Fakten und Varianten ausgestattet hat.

Was bringt uns Darwin heute?

Darwin gehört heute zum Standard im Biologie-Unterricht, und sein »Survival of the fittest« wird gerne zitiert. Leider wird dieser Satz immer wieder als »Überleben der Stärksten« interpretiert, obwohl er eigentlich genau das Gegenteil besagt. Denn im Grunde lautet sein Fazit, dass wir Menschen eben nicht die Krone der

Schöpfung sind, sondern am Ende einer langen Reihe von zufälligen Mutanten stehen. Und von denen haben sich nicht etwa die Großen und Genialen durchgesetzt, sondern die angepassten Mitläufer und heimtückischen Versteckspieler. Zu übersteigertem Selbstwertgefühl gibt uns Darwin also wahrlich keinen Grund.

Karl Marx (1818–1883): Vom Poeten zum Revolutionär

Leben

Geboren in Trier – »dem kleinsten, erbärmlichsten Nest voll von Klatsch und lächerlicher Lokalvergötterung« – fühlt sich Marx zunächst als Dichter berufen. Doch auf Druck des Vaters (»Mich würde es jammern, Dich als gemeines Poetlein auftreten zu sehen«) geht er zum Jura-Studium nach Bonn. Nach zwei Semestern wechselt er an die Universität Berlin, wo er allerdings nicht in Jura, sondern in Philosophie promoviert. Im so genannten »Doktor-Club« diskutiert er exzessiv über → **Hegel**, bis er schließlich bei der »Rheinischen Zeitung« in Köln zum Redakteur berufen wird. Einige Jahre später wird die Zeitung aufgelöst, auf Betreiben des preußischen Königs, dem »die Hure vom Rhein« eine zu liberale Gesinnung zeigt. Marx geht nach Paris und trifft dort **Heinrich Heine** und die französischen Sozialisten. Doch Preußen macht in Paris politischen Druck, so dass er abermals emigrieren muss. Marx gründet in Brüssel die erste kommunistische Partei (mit 17 Mitgliedern), 1848 veröffentlicht er das »Kommunistische Manifest«. Noch einmal versucht er es in Köln mit der »Neuen Rheinischen Zeitung«, wird jedoch abermals ausgewiesen. Seine restlichen Lebensjahre verbringt Marx mit seiner großen Familie in London. Unter erbärmlichen Verhältnissen – es kommt sogar vor, dass er das Haus nicht verlassen kann, weil seine Kleidung im Pfandhaus ist. Nichtsdestoweniger schreibt er an seinem Hauptwerk, dem »Kapital«, das erstmals die Funktionsweise des Kapitalismus analysiert. Die Vollendung des dreibändigen

Werks erlebt er jedoch nicht mehr; sie wird von **Friedrich Engels** besorgt. Marx stirbt im Alter von 65 Jahren.

Freunde

Marx ist ein grobschlächtiger und ungepflegter Geselle mit schlechten Manieren, seine Stimme ist scharf, oft mit einem Anflug von Verachtung. Solche Menschen haben bekanntlich nicht viele Freunde, doch seine Freundschaft zu Friedrich Engels ist einmalig. Marx wäre ohne Engels wahrscheinlich verhungert und dankt ihm das mit unbedingter Loyalität, ganz zu schweigen davon, dass beide tage- und nächtelang miteinander reden können. »Beide Männer gehörten zusammen«, schwärmte **Karl Liebknecht** später im Stile des parteifrommen Kommunistenkitsches, »sie ergänzten einander und sie bildeten, wobei jeder von beiden gleichwertig ist, in ihrer Vereinigung eine mächtige Doppelpersönlichkeit, wie die Geschichte kein zweites Beispiel darbietet.«

Gegner

Marx gilt als Gefahr für die bürgerliche Gesellschaft, deren Vertreter ihm mit all ihren verfügbaren Mitteln zusetzen. Vor allem die Preußen verfolgen ihn, ihr langer Arm sorgt sogar dafür, dass Marx aus Paris verschwinden muss. Das Pikante daran: Der eigentliche Feind, aber zugleich auch notwendige Antagonist des Marxismus ist der Kapitalismus, und den gibt es wohl in England und Frankreich, im rückständigen Deutschland hingegen steckt er gerade einmal in den Kinderschuhen. Die preußischen Regenten müssen also zunächst einmal am wenigsten befürchten, von den Kommunisten heimgesucht zu werden.

Frauen

1843 heiratet Marx seine Jugendliebe **Jenny von Westphalen**, deren adlige Familie allerdings mit dem ungehobelten Schwiegersohn recht unglücklich ist. Jenny stellt jedoch ihr Leben ganz in den Dienst ihres Mannes, bezeichnet sich selbst als »den Sekretär von Karl Marx«. Von ihren insgesamt sieben Kindern überleben drei Töchter, die ihren Vater abgöttisch verehren. Unter den ärmlichen Verhältnissen in London droht die Familie gesundheitlich zugrunde zu gehen, was Marx jedoch nicht daran hindert, eine Liebesaffäre mit der Haushälterin einzugehen. Doch wie schreibt der Philosoph Marx so schön: »Das Verhältnis des Mannes zum Weib ist das natürlichste Verhältnis des Menschen zum Menschen.« Und der Natur soll man eben nicht Einhalt gebieten.

Das System

Die Weltgeschichte ist ein Prozess, der von einem einheitlichen Gesetz beherrscht wird und auf ein Endziel ausgerichtet ist. Das ist die grundsätzliche These, die Marx vom alten Hegel übernimmt. Doch während der alte Preuße noch Weltgeist und Ideen hinter allem am Wirken sah, begreift der Trierer Juristensohn die Geschichte als eine Abfolge von Klassenkämpfen. In der Antike befreiten sich die Menschen aus den Fesseln der Sklavenhalter, später dann aus den Klauen der Monarchie, und am Ende ist es die Arbeiterklasse, die den Menschen aus den Fängen der Kapitalisten befreit. Wobei die Befreiung nicht von außen übergestülpt wird, sondern der Kapitalismus bereits »die eigenen Totengräber« in sich trägt. Denn weil die Kapitalisten immer größere Renditen erwirtschaften wollen, überschwemmen sie den Markt mit immer mehr Produkten, die am Ende jedoch nicht mehr verkauft werden können. Nicht etwa, dass die Bevölkerung sie nicht gebrauchen und verzehren könnte – sie kann sie nur nicht mehr bezahlen. Auf der einen Seite also ein Überangebot an Waren, auf der anderen Seite Hunger und Not. Ein Widerspruch, den der Kapitalismus nicht mehr lösen kann. Auch nicht dadurch, dass er die Produktion drosselt und massenweise Arbeiter entlässt, denn dann kommt erst recht Ärger auf ihn zu. Das Ende des Kapitalismus ist daher eine unabwendbare Tatsache. An seine Stelle kommt der Kommunismus, in dem die Produktion der Waren nicht nur ein paar wenigen, sondern allen dient und für die Befriedigung ihrer essentiellen Bedürfnisse sorgt.

Marx' Trick

„Die Philosophen haben die Welt nur verschieden interpretiert, es kommt darauf an, sie zu verändern.« Mit diesem Satz gibt Marx das Programm seiner Philosophie vor: Raus aus dem Elfenbeinturm, hinein ins aktive politische Leben, hinein in die aktive Gestaltung der Welt. Und es ist genau diese Vorgabe, die seine Philosophie vor allem für junge Intellektuelle so interessant macht.

Was gibt uns Marx heute?

Die großen kommunistischen Staaten sind kaputt gegangen, doch das heißt nicht zwangsläufig, dass die marxistische Philosophie an sich gescheitert ist. Aber der Marxismus hat schon ein Problem. Denn eine seiner Grundthesen lautet, dass die Kapitalisten von der Arbeiterklasse gestürzt werden. Doch diese Klasse gibt es eigentlich schon gar nicht mehr. Anstelle der Arbeiter haben wir derzeit ein riesiges Heer von Arbeitslosen, ein noch größeres Heer von Bürokraten – und anstelle des Klassenbewusstseins finden wir eine Spaßgesellschaft, die mit den Ohren an Mobiltelefonen klebt und sich schwachsinnige Talkshows anguckt. Kaum zu erwarten, dass sich auf diesem Boden eine Revolution entwickeln wird. Marx ist daher wohl fürs Erste aus dem Rennen.

Louis Pasteur (1822–1895): Von bösen Mikroben und fetten Renditen

Leben

In seiner Schulzeit zeigt Pasteur zwar wenig Begabung, aber dafür bereits einen ausgeprägten Herrscherwillen. Obwohl der jüngste Schüler, will er als Aufseher über alle anderen gesetzt werden, seine Schwester belehrt er in hochtrabenden Briefen. Mit 19 Jahren vertieft er sich ins Studium der Chemie, beginnt, wie Zeitgenossen berichten, »allerlei Versuche, die sein Zimmer mit üblen Gerüchen füllten«. 1848 wird er Professor für Chemie, 1857 entdeckt er, dass die Gärung von Wein durch Mikroben ausgelöst wird. Von da an wächst in ihm die Überzeugung, dass auf Staubpartikeln gleitende Mikroorganismen auch für die großen Krankheiten verantwortlich sind. Durch einen Zufall, nämlich ein vernachlässigtes Experiment an pestkranken Hühnern, entdeckt er das Prinzip der Impfung, deren Möglichkeiten er jedoch weit überschätzt. So entwickelt er einen Impfstoff gegen Milzbrand, an dem Tausende der behandelten Tiere jämmerlich verenden. 1885 impft er die ersten Menschen gegen Tollwut, obwohl er so gut wie nichts über deren Erreger weiß – denn Viren kann man zu seiner Zeit noch nicht sichtbar machen. Nichtsdestoweniger wird Pasteur mit Ehrungen überhäuft, für die er jedoch, aufgrund einer mit 46 Jahren erlittenen Hirnblutung und halbseitigen Lähmung, keine Dankesreden mehr sprechen kann. Er stirbt im Alter von 72 Jahren in der Nähe von Paris.

Freunde

Es ist die Industrie, die Pasteurs erste großen Forschungsprojekte vorantreibt. Und es ist der französische Nationalstolz, der Pasteur zu einem Helden der Wissenschaft stilisiert. In Wirklichkeit sind Pasteurs Forschungen voller Ungenauigkeiten und trügerischer Spekulationen, mitunter scheut er sich auch nicht vor Betrügereien.

Gegner

Obwohl sie eigentlich dasselbe Ziel haben, nämlich eine von Keimen und Krankheiten freie Welt, ist einer der großen Gegenspieler von Pasteur der deutsche Mediziner **Robert Koch**. Allerdings tragen ihre Streitigkeiten stark nationalistische Züge. Pasteur erklärt, mit seinen Forschungen »Rache nehmen« zu wollen an dem verhassten Nachbarn; das von ihm konservierte französische Bier will er »Bier der nationalen Revanche« nennen. Koch hingegen beschimpft Pasteurs Arbeiten als unzulänglich und wertlos, wirft dem Franzosen vor, dass er ja kein Mediziner, sondern nur ein Chemiker sei. Solche Hiebe treffen Pasteur tief. Noch kurz vor seinem Tode weigert er sich, vom Königreich Preußen dessen hohen Orden »Pour le Mérite« anzunehmen.

Frauen

Pasteur heiratet **Marie**, die Tochter eines Universitätsbeamten, doch an sich bedeuten ihm Frauen nicht sonderlich viel. Vielleicht liegt es ja daran, dass Bakterien eine ungeschlechtliche Vermehrung bevorzugen. Marie schreibt später an ihre Kinder: »Euer Vater geht auf in seinen Gedanken. Er spricht nur wenig, schläft nicht viel, steht zeitig auf – lebt das Leben, das ich nunmehr seit 35 Jahren an seiner Seite miterlebe.«

Das System

Warum wird Fleisch faulig? Warum vergärt Traubensaft zu Wein? Es ist Pasteur, der auf diese Fragen Antworten findet und die Mikroben als Verursacher von Gärungs- und Fäulnisprozessen ausmacht. Und mit der Hitzebehandlung, der bekannten Pasteurisierung, liefert er auch noch eine technische Lösung für das Mikrobenproblem in Nahrungsmitteln. Zum übergreifenden Patentrezeptler aber wird er, als er Bakterien als Hauptursache für die großen Erkrankungen herausarbeitet und mit der Impfung eine angeblich entscheidende Lösung für dieses Problem vorstellt. Denn von diesem Zeitpunkt an hat die weltweite Medizinforschung eigentlich nur noch eines im Sinn: die zahlreichen unterschiedlichen Keime und Erreger aufzuspüren sowie Medikamente und Impfstoffe zu ihrer Bekämpfung zu entwickeln. Das Dreieck von Keim, Antibiotikum und Impfung ist geboren, und es beschert der pharmazeutischen Industrie bis heute die fettesten Renditen aus ihrem ganzen Sortiment.

Pasteurs Trick

Pasteur erklärt einmal in einem Gespräch: »Ich will Ihnen das Geheimnis verraten, das mich zum Ziel geführt hat: Meine Stärke liegt einzig und allein in meiner Hartnäckigkeit.« Stimmt, denn wissenschaftliche Präzision und Ehrenhaftigkeit sind nicht seine Stärken. Am 2. Juni 1881 präsentiert er mit großem Popanz auf einem

Landgut die Erfolge seiner Milzbrandimpfung: Im linken Gatter 25 von ihm geimpfte Schafe, offenbar kerngesund; im rechten Gatter 25 ungeimpfte Schafe, zum Teil tot oder zumindestens schwer am Milzbrand erkrankt. Ein schönes Dokument erfolgreicher Forschungsarbeit? Nicht unbedingt, denn die Geschichte hat zwei entscheidende Haken: Der hier von Pasteur verwendete Impfstoff stammt erstens gar nicht von ihm, er entspringt vielmehr der Entdeckung eines Forschers, den Pasteur zuvor noch nieder- und lächerlich gemacht hat. Der zweite Haken: In der späteren flächendeckenden Anwendung zeigt sich der Impfstoff als Flop, weil er nur gegen den Milzbranderreger an sich, nicht aber gegen seine Sporen hilft. Über diese Details verschwendet Pasteur freilich kein Wort – denn was bedeuten schon Details, wenn man die Erlösung der Menschheit im Auge hat?

Was bringt uns Pasteur heute?

Natürlich hinterlässt er uns seine Konservierungstechnik des Pasteurisierens. Mindestens ebenso historisch ist aber auch seine Devise: »Es muss in der Macht des Menschen liegen, alle durch Schmarotzer verursachten Erkrankungen von der Oberfläche der Erde zu vertilgen.« Pasteur hat zusammen mit Robert Koch dafür gesorgt, dass die Medizin ihr Hauptaugenmerk bis heute schwerpunktmäßig auf mikroskopische Krankheitserreger ausrichtet. Mit der Konsequenz, dass andere Krankheitsursachen wie etwa psychische und soziale Stressfaktoren oder auch die Ernährung und Bewegungsmangel grob vernachlässigt werden. Auch wird die Bevölkerung seit Pasteur mit einem undurchsichtigen Netz an Impfungen und antibiotischen Medikamenten überzogen und dazu angehalten, in nahezu keimfreier

Umgebung zu leben – mit der Konsequenz, dass unser Immunsystem aus den Fugen gerät und immer mehr Menschen unter Allergien leiden. Und mit der Folge, dass sich infolge des grassierenden Antibiotika-Missbrauchs immer mehr resistente Erreger ausbilden, bei denen jedes Medikament wirkungslos bleibt.

Friedrich Nietzsche (1844–1900): Gott ist tot, und mir ist auch schon ganz schlecht

Leben

Nietzsches Leben liest sich wie das, was er am meisten bewundert: eine griechische Tragödie zwischen Genie und Wahnsinn. In seiner Kindheit nennt man den Pastorensohn aufgrund seiner Fähigkeit zum Zitieren von Bibelsprüchen »den kleinen Pastor«, mit zehn Jahren betätigt er sich bereits als Poet und Komponist. Später studiert er klassische Philologie, und das mit enormem Erfolg: Sein Lehrer nennt ihn »den Abgott der ganzen jungen Philologenschaft«, mit 25 Jahren wird Nietzsche Professor in Basel. Heimgesucht von Selbstzweifeln, Depressionen und Migräneattacken legt er jedoch schon bald sein Lehramt nieder, um von da an mehr schlecht als recht von einer bescheidenen Rente und einigen Förderern zu leben. Nietzsche wird zum »Wanderer«, lebt in Deutschland, Italien und der Schweiz, produziert in atemberaubendem Tempo Bücher und Aphorismen – die jedoch kaum jemanden interessieren und daher ihren Verfasser noch tiefer in Schwermut versacken lassen. 1889 wirft er sich einem gepeinigten Pferd um den Hals. Es folgt ein Leben in geistiger Umnachtung – der »Philosoph mit dem Hammer« sollte bis zu seinem Tode nie wieder einen vernünftigen Satz zustande bringen.

Freunde

Geistige Vorbilder: vor allem → **Arthur Schopenhauer** und **Richard Wagner**, zu dem er zunächst auch persönliche Beziehungen unterhält, die später jedoch versiegen. Darüber hinaus eine Handvoll Freunde, die sich geduldig um Nietzsche kümmern, ihn aber nicht aus seiner Einsamkeit reißen können: »Niemand redet mit mir als ich selbst, und meine Stimme kommt wie die eines Sterbenden zu mir.«

Gegner

Nietzsches Problem sind nicht seine Gegner, sondern die Tatsache, dass man ihn zu Lebzeiten nicht sonderlich ernst nimmt: Wer will schon einem philosophierenden Frührentner zuhören?

Frauen

Als mittelloser, schüchterner, sensibler und selbstmitleidiger Schöngeist hätte Nietzsche heute wahrscheinlich mehr Chancen bei den Frauen als damals, beispielsweise als Söhnchenersatz für Karriereweiber mit unausgelebten Muttergefühlen. In seiner Zeit muss er sich jedoch mit unendlichem Palaver und einigen Schwärmereien zufrieden geben, zu handfesten Sextaten kommt es nie, bei einem Bordellbesuch setzt er sich mit gesenktem Kopf ans Klavier. Trotzdem spielt sich Nietzsche als Frauenversteher auf, seine Aphorismen strotzen nur so von »Wahrheiten« über das »Ewig Weibliche«. Ein gewalttätiger Frauenhasser ist er jedenfalls nicht – im berüchtigten Peitschenzitat lässt er ein »altes Weiblein« sprechen, um damit das Misstrauen älterer Frauen gegenüber ihren jüngeren Geschlechtsgenossinnen zum Ausdruck zu bringen.

Das System

Nietzsche ist Nihilist, der »Zertrümmerer aller Werte«. All die Errungenschaften der zivilisierten Welt wie Moral, Christentum, Bildungsbürger und Wissenschaften hält er für widernatürliche Hirngespinste »des niedergehenden, geschwächten, müden und verurteilten Lebens«. Sie sind gescheitert, allen voran das Christentum, denn »Gott ist tot«. Nietzsches Gegenentwurf dazu ist das »Dionysische« (benannt nach dem griechischen Gott **Dionysos**), also die Aufforderung an den Menschen, das Vernünftige zu überwinden und dafür auf »die Stimme des Leibes« zu hören. Statt der Bequemlichkeit in einer moralisch behüteten, wissenschaftlich durcherklärten und religiös getrösteten Welt also ein Risiko-Leben, das von Instinkten, Ekstase und spontanen Eingebungen geprägt wird. Für so ein Leben braucht man Mut, mehr Mut, als ein »menschlich-allzumenschliches« Wesen normalerweise besitzt. Nietzsche entwirft deshalb die Idee vom »Übermenschen«, der wie ein Seiltänzer über dem Haufen der Zugucker und Angsthasen wandelt, dabei aber auch fortwährend vom Sturz in die Tiefe bedroht wird. **Mussolini** und **Hitler** missbrauchen später den Übermenschen für ihren Römer- und Arier-Schwachsinn, obwohl der Philosoph selbst Antisemitismus und Rassenwahn stets verachtet und sie als teutonische Unart erkannt hat: »Ich bin noch keinem Deutschen begegnet, der den Juden gewogen wäre.«

Nietzsches Trick

Im Unterschied zu vielen anderen Welterklärern gelingt es Nietzsche, sich in die Ewigkeit zu singen, auch wenn er selbst nicht mehr viel davon mitbekommt. Verholfen haben ihm dazu Genialität, Sprachgewalt – und ein typischer Philosophentrick. Denn wer weiß schon, was die antiken Griechen damals bei den Dionysos-Festen wirklich gemacht haben? Weiß jemand, dass sie karnevalsmäßig gesoffen haben wie die Löcher und ihre Frauen sich – ebenfalls sturzbetrunken – die Geschlechtseile von Ziegenböcken wie einen marinierten Hering in den Mund gleiten ließen? Wohl kaum, und Nietzsche erzählt uns auch nichts davon. Er verklärt vielmehr das Dionysische als Daseinsform und notwendige Antwort auf unsere kaputten Denk- und Moralstrukturen. So etwas kommt an. Gerade in Zeiten, in denen die Moral zerbröselt und die Mächtigen nur noch in die eigene Tasche wirtschaften. Und weil das ja irgendwie immer der Fall ist, wird Nietzsche wohl bis auf weiteres voll im Trend bleiben.

Was bringt uns Nietzsche heute?

Schwer zu sagen, was er uns heute wirklich noch bringt. Da sind sicherlich Hartmanns-Sprüche wie etwa »Gelobt sei, was hart macht« und »Der Starke ist am mächtigsten allein«, und seine Ausführungen zu den Frauen können sich – neben der »Peitsche« – ebenfalls sehen lassen: »Das Glück des Mannes heißt: Ich will. Das Glück des Weibes heißt: Er will.« Ansonsten aber ist Nietzsche posthum gerade das passiert, wogegen er immer gewettert hat: Er wurde nämlich zum schmückenden Objekt des Bildungsbürgers. Tausende von Aufsätzen und Büchern, überall Nietzsche-Gesellschaften, und neben **Goethe** wird kaum jemand so gerne zitiert wie Nietzsche, egal, ob zur Hochzeit oder zur Einleitungsrede für die Weltmeisterschaften im Mundharmonikaspielen. Mit Nietzsche kann man eben alles garnieren, und da fällt es schwer, seine bleibenden Verdienste herauszukristallisieren.

Eines ist jedoch klar: Seit Nietzsche wissen wir, dass Moral und Natur zwei völlig verschiedene Paar Schuhe sind. Dass Moral nichts anderes will als natürliche Triebe unterdrücken. Wenn Ihnen also gerade mal wieder ein leidenschaftlicher Rohköstler erzählt, wie widernatürlich es ist, einen Schweinebraten mit weich gekochtem Rotkohl zu vertilgen – dann rufen Sie sich den Nietzsche ins Gedächtnis, und Ihnen wird klar, dass fanatische Mümmelmänner als Moralapostel mindestens genauso unnatürlich sind wie die Currywurstesser aus der Pommesbude.

Sigmund Freud (1856–1939):
Anal, oral, banal

Leben

Sigmund Freud wird als Sohn einer jüdischen Kaufmannsfamilie geboren, die 1860 aus dem heute tschechischen Freiberg nach Wien übersiedelt. Er studiert Medizin, ab 1882 arbeitet er an einem Krankenhaus, wo er die Wirkungen von Kokain erforscht – und es als Wundermittel an Patienten, Kollegen und sogar an seine Verlobte weitergibt. Danach beschäftigt er sich mit Hypnose und Hysterien, 1897 formuliert er erstmals den berühmten **Ödipus**-Komplex: Er bemerkt seine Verliebtheit in seine Mutter bei gleichzeitiger Eifersucht auf seinen Vater und hält sie für allgemeingültig. 1900 erscheint die »Traumdeutung«, in der Freud die Grundlagen der Psychoanalyse formuliert. Die überragende Bedeutung des Sex streicht er in seinen »Drei Abhandlungen zur Sexualtheorie« heraus, in denen er selbst dem Kleinkind mit seinen analen und oralen Phasen erotische Impulse zuschreibt. Anfang der Dreißiger sieht er sich zunehmend faschistischen Anfeindungen ausgesetzt; bei der von den Nazis inszenierten Bücherverbrennung werden auch Freuds Bücher verbrannt. Der leidenschaftliche Zigarrenraucher stirbt, nach insgesamt 33 Krebsoperationen, im Londoner Exil.

Freunde

Freud duldet nur wenig Widerspruch und lässt praktisch keinen Menschen an sich heran. Echte Freunde gibt es in seinem Leben daher nur wenige; die von ihm gegründete Psychoanalyse zählt aber nach wie vor zu den beliebtesten Richtungen der Psychotherapie.

Gegner

Der Vater der Psychoanalyse stößt auf harsche Kritik. Man bezeichnet sein System als »Bauernfängerei«, »Pseudowissenschaft«, als »eine der größten Torheiten der westlichen Zivilisation« oder, wie **Karl Kraus**, als »die Krankheit, für deren Therapie sie sich hält«. Und Freud selbst trägt zu diesen vernichtenden Urteilen bei, indem er bei seiner Arbeit mitunter grob unwissenschaftlich vorgeht oder sogar die Ergebnisse seiner Studien fälscht, nur um seine Thesen hieb- und stichfest zu machen.

Frauen

Freud ist zeitlebens von Frauen umgeben. In jungen Jahren von Mutter, Kinderfrau und den fünf Schwestern, später von Ehefrau **Martha** und Tochter **Anna**, ganz zu schweigen davon, dass fast alle der von ihm gesammelten Krankengeschichten von Frauen handeln. In diesem weiblichen Umfeld verhält er sich einerseits als einfühlsamer Zuhörer, andererseits aber auch als Macho vom alten Schlag. Freud sieht den Mann als das komplettere Wesen; das zeigt schon allein seine Geschichte vom Penisneid, unter dem ja angeblich schon die kleinen Mädchen leiden sollen.

Das System

Im Zentrum von Freuds System steht das Drei-Schichten-Modell der menschlichen Psyche. Demnach waltet tief in unserem Unbewussten das Es: instinkthafte Energien und Triebe wie Hunger, Sexualität und Aggressionen, die keine Vernunft und Verbote kennen, sondern ausschließlich auf Erfüllung pochen. Über diesem triebhaften Sumpf dann das Ich, doch das ist mit seiner Erkenntnisfähigkeit nur ein Sklave des Es: Das Ich weiß zwar, dass in der Ravioli-Dose Essen ist und wie man sie öffnet, doch das Es macht den Hunger, der nach Befriedigung ruft. Über den beiden thront schließlich das Über-Ich mit seinen Moralvorstellungen, und es fordert vom Ich, die unmoralischen Triebe des Es zu zügeln. Schlechte Karten also für das Ich, das zwischen den Fronten von Es und Über-Ich steht und sich deswegen mit unterschiedlichen Strategien zu schützen sucht. Wie etwa dem Verdrängen, bei dem unerwünschte Triebe ins Unbewusste abgeschoben werden. Oder der Projektion, bei der unerwünschte Triebe anderen zugeschrieben werden (»Schwarze sind sexuell besonders aktiv«). Oder der Rationalisierung, wo niedere Triebe schöngeredet werden (»Ich gehe ins Bordell, um gefallenen Frauen zu helfen«). All diese Mechanismen bieten jedoch keine Garantie auf Erfolg. Oft gelingt es den unerwünschten Trieben trotzdem, sich bemerkbar zu machen. Beispielsweise in Form von Freud'schen Versprechern (»Die ganzen Stuten sind mit Rosinen gefi..., äh, gespickt«) oder aber getarnt als Neurosen. Und dann hilft nur noch der Psychoanalytiker.

Freuds Trick

Freud erhält für sein Lebenswerk nicht etwa den Nobelpreis, sondern den **Goethe**-Preis der Stadt Frankfurt. Und das aus gutem Grund. Denn er ist als Wissenschaftler eher schlampig, oberflächlich und zum Teil sogar korrupt, aber als Erzähler ist er eine Größe. Seine dramatischen Geschichten vom Kampf der drei Psycho-Schichten fesseln uns, und sie trösten uns mit der Gewissheit, dass wir Menschen letzten Endes doch alle gleich sind und selbst der klügste Kopf und mächtigste Manager bloß in einem Sumpf von niederen Wünschen und Trieben herumwatet. Und Trost hat sich immer schon gut verkauft.

Was bringt uns Freud heute?

Freuds Grundannahmen wie der Glaube an die Verdrängung und das Unbewusste sowie die Bedeutung der frühen Kindheit halten einer kritischen Überprüfung nicht stand. Das liegt aber auch daran, dass Freud weniger ein strenger Wissenschaftler als ein begabter Erzähler ist. Seine Fallgeschichten und Spekulationen bieten uns tiefe Einsichten in die seelischen Abgründe der bürgerlichen Gesellschaft, doch ihr therapeutischer Wert ist gering, auch wenn die Kosten einer Analyse immer noch von den Krankenkassen erstattet werden. Wer heute jedoch seine Ängste und Neurosen in den Griff bekommen will, fährt deutlich besser mit pragmatischen Verfahren wie der Verhaltenstherapie, anstatt sich für Monate oder sogar Jahre ins psychoanalytische Hamsterrad zu setzen.

Max Planck (1858–1947): Quantenmäßig ins Chaos

Leben

Max Planck stammt aus einer alten Gelehrtenfamilie von Theologen und Juristen, die ihn schon frühzeitig auf die von Gott und Mensch erstellten Gesetze eichen. Seinen ersten Ruf als Professor erhält er von seiner Geburtstadt Kiel, wo man notiert, dass Planck »durch sein bescheidenes Wesen wie durch Klarheit und Bestimmtheit« einen besonders günstigen Eindruck gemacht hätte. 1889 geht er nach Berlin, das von nun an 55 Jahre lang zum Zentrum seines Wirkens wird. Am 14. Dezember 1900 hält er seinen berühmten Vortrag »Zur Theorie des Gesetzes der Energieverschiebung im Normalspektrum«, der heute als Geburtsstunde der Quantentheorie gilt. Neben seiner eigenen Forschungsarbeit unterstützt Planck aber auch andere Wissenschaftler. Ihm gelingt es sogar, → **Einstein** nach Berlin zu holen, obwohl der mit seinem radikalen Individualismus und Pazifismus nicht gerade zum preußischen Gedankengut passt. Darüber hinaus bemüht sich Planck – bis ins hohe Alter – durch Vorträge und populärwissenschaftliche Aufsätze, die breite Öffentlichkeit für »seine« Physik zu gewinnen. Kurz vor seinem Tod in Göttingen resümiert er: »Wissenschaftlich produktiv kann ich mit meinen 89 Lebensjahren nicht mehr sein.« Doch ihm bleibe immerhin die Möglichkeit, »den Wünschen der nach Wahrheit und Erkenntnis ringenden Menschen, vor allem der Jugend, entgegenzukommen.«

Freunde

Seine kraftvolle und ruhige Persönlichkeit verschafft Planck zahlreiche Freunde, er sammelt eine stattliche Anzahl von Ehrenämtern, ohne sich je für eines angebiedert zu haben. Hinzu kommt, dass er nicht nur als Physiker brilliert, sondern auch als Musiker, er tritt sogar eine Zeit lang als Opernsänger in Frauenrollen auf. In Berlin verbindet ihn eine tiefe Freundschaft mit dem Geiger **Joseph Joachim**, später mit dessen Kollegen **Karl Klinger**. Selbst Einstein kommt eher als Musiker denn als kongenialer Physiker in Plancks Haus. Das Trio aus Einstein (Geige), Planck (Klavier) und Plancks Sohn **Erwin** (Cello) zieht so manche »Session« durch.

Gegner

Am Anfang hat Planck schwer mit der Ignoranz der damaligen Physik zu kämpfen. Desillusioniert muss er zur Kenntnis nehmen, dass das Interesse für seine Arbeiten »in der physikalischen Öffentlichkeit gleich null« ist. Mit seiner Quantentheorie erzielt er dann wohl ein breiteres Echo, doch das ist erst mal negativ; einige Physiker erklären sein System sogar für »blanke Täuschung«. Unter der von ihm verabscheuten Nazi-Diktatur wird es abermals schwer für ihn. Nichtsdestoweniger lehnt er alle Rufe ins Ausland ab, um »das Wertvolle aus der Katastrophe« zu retten. 1945 erfährt er von der Hinrichtung seines Sohnes, der beim Attentat gegen **Hitler** mitgewirkt haben soll. Seine letzten Lebensjahre verbringt Planck als gebrochener Mann.

Frauen

Planck ist zweimal verheiratet. Seine erste Frau **Marie** stirbt 1909 nach langer Krankheit; zwei Jahre später heiratet er deren Nichte **Marga**. Als Ehemann ist Planck wie im beruflichen Leben: korrekt, zuverlässig und konservativ. Im Unterschied zum »Schlawiner« Einstein ist Planck ein ausgesprochener Familienmensch, der großen Spaß an Fangspielen hat. **Lise Meitner** berichtet später, wie sie und ihre Kommilitonen in Plancks Haus eingeladen wurden, um anschließend im Garten Laufspiele durchzuführen: »Hieran beteiligte Planck sich mit geradezu kindlichem Eifer und größter Behändigkeit. Es gelang fast nie, nicht von ihm eingefangen zu werden.«

Das System

Im späten Alter sagt Planck einmal: »Immer wieder machte ich Versuche, das Wirkungsquantum irgendwie in das System der klassischen Physik einzubauen.« Ein Ausspruch, der typisch ist für seine eigentlich konservative Geisteshaltung. Tatsache ist jedoch, dass er die Physik und auch die Sicht der Dinge aus den Angeln gehoben hat. Dabei fängt alles ganz harmlos an, nämlich mit der Untersuchung des abgestrahlten Lichtes von warmen, dunklen Körpern – einem zur damaligen Zeit zentralen Problem der Physik. Planck entdeckt eine Formel, mit der man eine Strahlung vorhersagen kann. Dabei löst er sich jedoch von der traditionellen Vorstellung, wonach Licht und Wärme in einem kontinuierlichen Strom abgegeben werden. Plancks Erkenntnis lautet vielmehr, dass Energie in gebündelten Einheiten – eben den berühmten »Quanten« – abgegeben wird. Und das ist der Knackpunkt, denn damit wird letzten Endes behauptet, dass sämtliche Vorgänge in der Natur nicht etwa kontinuierlich, sondern sprunghaft und damit unberechenbar erfolgen: Aus der kontinuierlichen Welt im Fluss wird eine unkalkulierbare Welt auf dem Sprung.

Plancks Trick

Schon in der Schule besticht Planck weniger durch Talent als durch Fleiß, Pflichtbewusstsein und die ruhige Kraft seiner Persönlichkeit. Auch später ist er nicht etwa das schillernde Genie, sondern ein gewissenhafter Wissenschaftler, der eher widerwillig zum »Revoluzzer mit dem Quantenprügel« wird, der einen Umsturz in Physik und Weltsicht einleitet. Doch gerade das macht Planck so überzeugend. Er ist eigentlich ein konservativer Geist, und die Menschen wissen: Wenn »so einer« eine Revolte anzettelt, dann muss schon etwas dran sein. Die lauten unter den Revoluzzern hört und sieht man, doch es sind die stillen wie Planck, die der Weltgeschichte tatsächlich bleibende Wendungen geben.

Was bringt uns Planck heute?

Seit der Quantentheorie ist mehr denn je Bescheidenheit angesagt. Letzten Endes können wir nur wenig zuverlässige Aussagen darüber machen, weil der weltliche Energietransport in Sprüngen stattfindet, und die sind schwer berechenbar. Seien wir also froh, dass sich die Teilchen unter unseren Füßen nicht unisono entscheiden auseinander zu driften und der Boden unter uns aufgeht. Auf rosige Zukunftsprognosen – nach dem Motto »In sieben Jahren zur ersten Million« oder »In vier Jahren nur noch zwei Millionen Arbeitslose« – sollten wir jedoch verzichten, denn Luftschlösser lassen sich auch durch Quantensprünge nicht erreichen.

Rudolf Steiner (1861–1925):
Von feinen Geistern und geilen Negern

Leben

Steiner verlebt seine Kindheit im österreichischen Pottschach, als Kind armer Leute: »Ich habe gelernt, den Proletarier dadurch zu verstehen, dass ich selber mit den Proletariern gelebt habe.« Dennoch schickt ihn der Vater auf eine höhere Schule in Wien. Als 16–Jähriger liest er → **Immanuel Kants** »Kritik der reinen Vernunft«, ein Monster-Werk, an das sich heutige Philosophie-Studenten erst gar nicht herantrauen. Kant bringt den jungen Steiner jedoch »nicht so recht weiter«, in ihm regen sich bereits konkrete Ahnungen von einer übersinnlichen, spirituellen Welt. 1891 promoviert er mit einer Arbeit zur Erkenntnistheorie zum Dr. phil, danach arbeitet er als Archivar und Redakteur von Literaturzeitschriften. Als Lehrer eines behinderten Jungen entwickelt er die Grundzüge der Waldorf-Pädagogik, benannt nach einer Stuttgarter Zigarettenfabrik, für deren Arbeiterkinder die erste Schule nach Steiners Vorstellungen errichtet wird. In den Theosophen des ausgehenden Jahrhunderts findet er Geistesgenossen, die ihm die Existenz einer spirituellen Welt bestätigen und ihm mit Begriffen wie »Äther-« und »Astralleib« sowie der »Atma-Ebene« das rhetorische Rüstzeug mitgeben. Steiner wird zum Esoteriker, und dies schlägt sich, wie ein Freund beschreibt, auch äußerlich nieder: »Pechschwarzes Haar, flackernde schwarze Augen, hohlwangiges Gesicht, eine hagere zugeknöpfte Erscheinung, gleichsam alles Schwarz in Schwarz in der merkwürdigen Mischung von Magistertum und Dämonie.« Doch weil er → **Jesus** und seinen

Tod – »das Mysterium von Golgatha« – als Wendepunkt in der Geschichte der Menschheit sieht, kommt es zum Bruch mit den Theosophen. Steiner entwickelt sein eigenes System, die Anthroposophie. Ihre Ausarbeitung und Verbreitung beschäftigt ihn bis zu seinem Tode. Er stirbt – 64-jährig – im schweizerischen Dornach.

Freunde

Die Philosophen strafen Steiner, der sich selbst ausgiebig mit Kant, → **Nietzsche**, **Stirner** und anderen Denkern beschäftigt hat, in der Regel mit Missachtung; die wissenschaftliche Medizin steht ihm ablehnend gegenüber. Seine Anhänger kommen meistens aus der Esoterik sowie aus den Reihen von Dichtern, Künstlern, Naturköstlern und Wissenschaftsskeptikern.

Gegner

Nicht wenige Kritiker betrachten Steiner als Antisemit und Rassist, und in der Tat lässt er sich immer wieder über Juden (»Das Judentum als solches hat sich längst ausgelebt, hat keine Berechtigung innerhalb des modernen Völkerlebens, und dass es sich dennoch erhalten hat, ist ein Fehler der Weltgeschichte«) und Schwarze (»Der Neger hat ein starkes Triebleben«) aus. Die heutigen Anthroposophen haben ihre liebe Mühe damit, sich davon zu distanzieren. **Andreas Heertsch** von der Anthroposophischen Gesellschaft betont: »Bei uns steht der Individualismus im Zentrum: Individuell zu werden ist das Ziel, völkische Gesichtspunkte spielen keine Rolle.« In den Waldorf-Schulen werden freilich immer noch die Menschenrassen als Teil der Weltgeschichte gelehrt.

Zur Wahrheit gehört allerdings auch, dass die Nazis ebenso erbitterte Gegner der Anthroposophie und der Waldorf-Schulen waren wie die totalitären Sozialisten.

Frauen

Steiner beklagt einerseits, dass Frauen oft unter menschenunwürdigen Verhältnissen leben müssten, andererseits warnt er tatsächlich davor, schwangeren weißen Frauen »Negerromane« zu geben, denn »da entsteht durch rein geistiges Lesen von Negerromanen eine ganze Anzahl von Kindern in Europa, die ganz grau sind, Mulattenhaare haben, die mulattenähnlich aussehen werden«. Steiner heiratet 1899 **Anna Eunike**, eine Witwe mit fünf Kindern; die Ehe bleibt glück- und kinderlos. Nach Annas Tod heiratet er **Marie von Sivers**, die mit ihm die Bewegungskunst der Eurythmie entwickelt und durch ihren Sprachfehler die Stilvorlage für die anthroposophische »Sprachgestaltung« (Artikulationsübungen) liefert.

Das System

Schon als Achtjährigem erscheint Steiner eine ihm unbekannte Frau genau zu dem Zeitpunkt, als seine Tante im Sterben liegt. Ein Schlüsselerlebnis, das ihm die Überzeugung gibt, dass man nicht nur die sinnlich-leibliche Realität erfahren kann, sondern auch die über ihr stehende, geistige und übersinnliche Welt. Wobei er später diese Welt wiederum unterteilt in drei weitere Wesensglieder, nämlich den Äther-Leib (oder »Bilde-Kräfte-Leib«), den Astral-Leib (oder »Empfindungsleib«) und das Ich als Träger der höheren Menschenseele. Bei der Geburt seien, so Steiner, all diese Wesensglieder zwar vorhanden, doch sie müssten erst richtig ausgebildet werden – der Anthroposoph spricht hier auch von den »drei Geburten des Menschen«. Und für die Geburtshilfe bietet er gleich drei Hebammen an, nämlich Waldorf-Pädagogik, biologisch-dynamischen Ackerbau und die anthroposophische Medizin.

Steiners Trick

Steiner ist zweifelsohne hochintelligent, denn sonst hätte er es nicht geschafft, binnen 20 Jahren etwa sechstausend Vorträge zu stets wechselnden Themen zu halten und dabei sämtliche Bereiche der zeitgenössischen Gesellschaft abzudecken. Er hat nicht nur ein phänomenales Gedächtnis, sondern auch die Gabe, vorhandene Erkenntnisse zu kombinieren und miteinander in Beziehung zu setzen. Ein »Universal-Gelehrter« im klassischen Sinne, und das bildet bis heute, zusammen mit seiner Skepsis gegenüber dem Ausschließlichkeitsanspruch von traditioneller Naturwissenschaft und empirischer Erkenntnis, die Basis für die von ihm ausgehende Faszination.

Was gibt uns Steiner heute?

Die Anthroposophie ist die Grundlage von Eurythmie, Waldorf-Pädagogik, anthroposophischer Medizin und biologisch-dynamischem Landbau (Demeter-Bund) und damit keine exotische Randgruppen-Ideologie mehr. Sie hat den Blick auf Heilpflanzen wie Ringelblume (Hautpflege, Wundbehandlung) und Mistel (Krebstherapie) gelenkt, deren therapeutische Chancen in der Schulmedizin wahrscheinlich verschütt gegangen wären, und auch der biologisch-dynamische Landbau mit seinem

Verzicht auf chemische Keulen ist sicherlich eine Alternative zur modernen Lebensmittelproduktion. Die Waldorf-Pädagogik ist für viele Menschen eine ernsthafte Alternative zur Regelschule und hat viele pädagogische Ideen vorweggenommen, die heute Allgemeingut sind. Steiners Ausbrüche gegenüber Juden und Schwarzen sind jedoch unverzeihlich, und die Tatsache, dass man es bislang nicht geschafft hat, hier einen eindeutigen Schlussstrich zu ziehen, wirft kein gutes Licht auf die Anhänger der Anthroposophie.

Maria Montessori (1870–1952): Kein Kinderspiel

Leben

Montessori verlebt den größten Teil ihrer Kindheit in Rom, die damaligen Schulen erscheinen ihr schon früh als Stätten »größter Trostlosigkeit«. Sie studiert und promoviert – als erste Italienerin überhaupt – zum Doktor der Medizin. Danach behandelt sie Kinder, die wegen Schwachsinns in einer psychiatrischen Klinik eingesperrt sind. Es gelingt ihr, diese »angeblichen Idioten« im Lesen und Schreiben ähnlich weit zu bringen wie die Kinder der öffentlichen Schulen. Sie vertieft sich weiter in Philosophie und Pädagogik, um 1907 ihre erste »Casa dei bambini« (Kinderhaus) zu eröffnen. Dessen Erfolge sorgen für eine weltweite Verbreitung des Montessori-Prinzips. In Italien überzeugt die umtriebige Pädagogin das **Mussolini**-Regime, ihr Modell als offizielles Lehrprinzip an den Schulen einzuführen. Die deutschen Faschisten sehen das jedoch anders – und mit langem Arm verhindern sie die weitere Ausbreitung der Montessori-Pädagogik in Europa. Montessori emigriert schließlich nach Indien, wo ihr Modell die Unterstützung **Gandhis** findet. 1946 kehrt sie zurück nach Europa, um dort wieder fleißig an der Verbreitung ihrer Methode zu arbeiten. Sie stirbt – mit 81 Jahren – im holländischen Nordwijk.

Freunde

Als weltgewandte und beredte Frau findet Montessori viele Freunde, darunter auch den italienischen »Duce« Mussolini. Kritiker werfen ihr vor, den italienischen Faschismus zur Verbreitung ihrer Erziehungsmethode herangezogen zu haben. Und in der Tat existieren Briefe, in denen sie ihre Methode als »echt italienisch« anpreist und sie ausdrücklich mit der faschistischen Jugenderziehung für vereinbar hält. 1934 geht sie sogar so weit, das Mussolini-System als Ziel eines »sozialen Weges« zu preisen, dem sich ihr Erziehungssystem bedenkenlos anschließen könnte.

Gegner

Es sind vor allem Geisteswissenschaftler, die zu den Gegnern Montessoris gehören. Die Standardvorwürfe an ihr System lauten: zu naturwissenschaftlich ausgerichtet, zu viel Individualismus, außerdem würde ihr streng didaktisches Spielmaterial zu wenig Raum lassen für das spontane Spiel der Kinder. Tatsache ist freilich, dass gerade die biologische Basis zu den Stärken der Montessori-Pädagogik gehört und ihr Spielzeug lediglich den Baustein eines übergreifenden Erziehungssystems darstellt, in dessen Zentrum die Forderung des Kindes steht: »Hilf mir, es selbst zu tun.« Und diese Forderung klingt nicht danach, als sollte das Kind in seiner Freiheit eingeschränkt werden.

Männer

Am 31. März 1898 wird Montessori Mutter von **Mario**, dem Kind einer Beziehung zu einem Arzt, den sie in der psychiatrischen Klinik kennen gelernt hat. Sie gibt den Sohn zu Freunden aufs Land und holt ihn erst spät, 1913, zu sich zurück. Eine Geschichte, die nicht unbedingt »political correct« klingt für eine Pädagogin. Man muss jedoch bedenken, dass zur damaligen Zeit die Nachricht von einem unehelichen Kind die Karriere- und Selbstentfaltungschancen einer Frau für immer zerstört hätte. Außerdem hat Montessori ihren Sohn auf dem Land häufig besucht – und ihn dadurch wahrscheinlich häufiger gesehen, als dies heute bei vielen »normal verheirateten« Eltern der Fall ist.

Das System

Das erklärte Ziel der Montessori-Pädagogik ist es, die Selbsttätigkeit der Kinder zu fördern, »denn es gibt zu viele Menschen, die sich mit Krücken aufrechterhalten.« Dazu gilt es, in den Kindern verborgene Antriebe aufzuspüren und sie gezielt zu fördern. Wobei der Erzieher nicht die Zügel in der Hand halten, sondern sich das Kind im freien Umgang mit Materialien üben soll, »die es seine Sinne, seine Motorik und dann eben auch seine ganze geistige Kraft auf den Gegenstand konzentrieren lassen«. Mit der Bündelung der Aufmerksamkeit entsteht dann eine Selbstdisziplin, durch die der Mensch »Herr seiner selbst ist und folglich über sich selbst gebieten kann«. Montessori-Pädagogik heißt also nicht, dass man bloß ins Blaue hineinspielt, sondern durch Spielen zu einem kontrollierten, sich selbst kontrollierenden Wesen wird. Klar, dass in diesem Erziehungssystem den Spielmaterialien eine entscheidende Rolle zukommt. Heutige Anhänger der Montessori-Pädagogik vergessen allerdings gerne, dass Montessori selbst in ihrem Material-Angebot auch solche Dinge wie »Essen unter Benutzung des Bestecks«, »Tischdecken« und

»Aufräumen« aufführt. Wie es ihr überhaupt wichtig ist, den Kindern nicht irgendwelche – möglicherweise weltfremde – Werte aufzudrücken, sondern sie zu Wesen auszubilden, die sich im Alltag zurechtfinden.

Montessoris Trick

Montessori leitet ihre Pädagogik aus naturwissenschaftlichen Erkenntnissen und Erwägungen ab. Theologische und metaphysische Schwafeleien gibt es bei ihr nicht, und dadurch wirkt sie praxis- und lebensnaher als andere erziehungswissenschaftliche Modelle. Ihre biologische Basis macht die Montessori-Pädagogik zudem universal einsetzbar. »Sie passte«, so die Schweizer Montessori-Forscherin **Helene Leenders**, »seit ihrer Entstehung stets zu allen – auch politischen – Umständen, ohne dass sie sich ändern musste.« Egal also, ob Humanismus, Sozialismus oder Faschismus – Montessori passt immer, und sie selbst hat auch immer großen Wert darauf gelegt, ihre Theorie universal-passend darzustellen. Nicht umsonst reicht die Palette ihrer Fans von Gandhi bis Mussolini.

Was gibt uns Montessori heute?

Kindergärten und Schulen nach Montessori sind wieder voll im Trend, sie erfreuen sich bei Lehren, Eltern und auch Kindern einer wachsenden Beliebtheit, weil sie einerseits eine Alternative zum herkömmlichen Bildungssystem darstellen, andererseits aber auch nicht auf die »Laisser-faire«-Taste drücken und den Kindern alles erlauben. Leider wird das Montessori-System wegen seiner universalen Einsetzbarkeit von vielen eitlen Pädagogen benutzt, um sich mit verqueren Weltsichten zu profilieren. So wurden Anfang 2002 an einigen Montessori-Spielhäusern für drei Monate sämtliche Spielzeuge entfernt. Die Kinder sollten dadurch vor einem Spielzeugüberfluss geschützt werden und diese Phase für »eine ernsthafte Auseinandersetzung mit ihren Spielzeugpräferenzen« nutzen. Die Kinder reagierten mit Frust – und mit dementsprechenden Aggressionen, was jedoch von den Erziehern als »normaler psychischer Übergangszustand« betrachtet wurde. In die Hirnwindungen mancher Pädagogen und selbst ernannter Heilsbringer vermag eben auch die Montessori-Pädogik keine gerade Linie zu bringen.

Albert Einstein (1879–1955): Anti-Schaf zwischen Genie und Brutalität

Leben

Dass Einstein ein schlechter Schüler gewesen sei, ist eine Legende. Als ihn jedoch die Familie aus wirtschaftlichen Gründen im Alter von 15 Jahren allein in München zurück lässt, wird er aufmüpfig. Schon »seine bloße Anwesenheit« sorgt nach Ansicht des Lehrers für Respektlosigkeit im Klassenzimmer. Einsteins Abscheu gegenüber vermeintlichen Autoritäten bleibt ihm zeitlebens erhalten – selbst dann noch, als er als Professor und Nobelpreisträger schon selbst Autorität ist. »Um ein tadelloses Mitglied einer Schafherde sein zu können«, spottet er einmal, »muss man vor allem Schaf sein.« Und ein Schaf will er nicht sein, auf gar keinen Fall. Als Deutschland 1933 faschistisch wird, bleibt er in den USA, und als dort **McCarthy** ans Ruder kommt, geißelt er dessen »Gesinnungsschnüffelei« und rät zur Aussageverweigerung. Einsteins Drang nach Unabhängigkeit nimmt bisweilen aber auch krankhafte Züge an – und raubt ihm die Fähigkeit, intime und vertrauensvolle Beziehungen zu seinen Mitmenschen aufzubauen. So hat er mit seiner späteren Ehefrau **Mileva** eine uneheliche Tochter, die – wahrscheinlich auf Einsteins Betreiben – zur Adoption freigegeben wird. Als sich später sein Freund **Paul Ehrenfest** entschließt, seinen mongoloiden Sohn in ein Pflegeheim abzugeben, erteilt ihm Einstein dafür seinen ausdrücklichen Segen: »Wertvolle Menschen dürfen nicht aussichtslosen Dingen geopfert werden.« Und Mileva manövriert er schließlich, als sie ihm »unerträglich« wird, mit einer Kaltschnäuzigkeit aus seinem Leben, die selbst seine besten Freunde entsetzt. Einstein stirbt im Alter von 76 Jahren im amerikanischen Princeton.

Freunde

In Deutschland ist Einstein viel Übles widerfahren. Nichtsdestoweniger sind es vor allem deutsche Gelehrte, die ihm zur Anerkennung verhelfen. In den legendären »Annalen der Physik« darf Einstein veröffentlichen, obwohl er als Wissenschaftler noch keinen Namen hat. Und → **Max Planck** macht für die Relativitätstheorie regelrecht Propaganda, obwohl er andere Thesen von Einstein ganz und gar nicht gutheißen kann.

Gegner

Als Jude mit ausgeprägten demokratischen und pazifistischen Überzeugungen wird Einstein im Deutschland der zwanziger Jahre zum »Einstein des Anstoßes«. Der Heidelberger Physiker und Nobelpreisträger **Philipp Lenard** nennt die Arbeiten seines immer berühmter werdenden Kollegen »typisch jüdische Blendwerke« und »Judenbetrug«. Als **Hitler** Anfang 1933 Reichskanzler wird, kehrt Einstein von einer USA-Reise nicht mehr zurück. Von da an betrachtet er es als seine Pflicht, die Welt vor der Gefährlichkeit des Dritten Reichs zu warnen. Er unterstützt die Atombombenprojekte der USA, aus Furcht, dass auch die Nazis in dieser Hinsicht aktiv sind. Am 6. August detoniert dann die erste Atombombe, jedoch nicht über Deutschland, sondern über Japan. Nicht zuletzt dieses Ereignis sollte den späten Einstein der fünfziger Jahre zu einem der größten Gegner des militärischen Aufrüstens machen.

Frauen

Ursprünglich beabsichtigt Einstein, mit der hochintelligenten Mileva als verschworenes Duo gegen die »scheinheilige Welt der Philister« anzutreten, »ohne Wenn und Aber«. Dazu gehört, sich trotz labiler Magenwände deftige Speisen zu gönnen und das modische Outfit ebenso zu ignorieren wie die körperliche Hygiene. Dazu gehört aber auch sein Verhalten als, wie es seine Enkelin formuliert, »chronischer Schürzenjäger und Schlawiner«. Doch wehe, wenn er sich durch andere Menschen in seinem Freiheitsdrang eingeschränkt fühlt. So behandelt er Mileva am Ende wie einen Menschen dritter Klasse, obwohl sie mit ihm seine schwersten Jahre teilte, in denen er als »Experte dritter Klasse« am Schweizer Patentamt arbeitete. Er bezeichnet sie als »sein Kreuz«, beschimpft sie als »pathologischen Fall« und »Frau von ungewöhnlicher Hässlichkeit«. **Thomas Mann** lobhudelt Einstein nach seinem Tod als den »Ehrenretter der Menschheit« – in seinem Verhältnis zu seiner Frau hat der Physiker allerdings nicht viel davon durchblicken lassen.

Das System

Egal, wo wir uns gerade befinden und wie schnell wir uns bewegen – ein Blick auf die Uhr, und wir wissen, wie spät es genau ist? Leider nicht. Denn seit Einstein steht fest: Uhren laufen langsamer, wenn sie sich bewegen oder in der Nähe schwerer Körper befinden. Und das liegt dann nicht etwa daran, dass sie kaputt sind, sondern tatsächlich daran, dass der Zeitverlauf abhängig ist von Bewegung und Körperanziehung. Doch nicht nur die Zeit, auch Masse, Energie und Lichtgeschwindigkeit hängen laut Einstein voneinander ab, und zwar

gemäß der berühmten Formel $E = mc^2$. Was konkret heißt, dass man aus einem sehr schnellen Beinahe-Nichts Materie erzeugen kann. Und aus der Kernfusion von Wasserstoffatomen einen riesengroßen Bums. Weil nämlich das Endprodukt dieser Fusion – Helium – etwas weniger wiegt als die fusionierenden Wasserstoffteilchen und daher Energie entweichen muss, damit die Gleichung noch stimmt.
Zeit, Körper, Geschwindigkeit – alles ist mithin irgendwie abhängig zueinander, eben relativ. In Einsteins Reich gibt es keine Freiheit. Und das gilt auch für seine Weltanschauung. Einsteins liebstes Philosophenzitat stammt von → **Schopenhauer**: »Ein Mensch kann zwar tun, was er will, aber nicht wollen, was er will.« Erstaunlich viel Fatalismus für einen Menschen, der immer die größtmögliche Freiheit für sich gesucht hat.

Einsteins Trick

Einstein macht Physik nicht im Labor oder in der Natur, sondern seine Werkzeuge sind Bleistift und Papier. Er ist ein Theoretiker, der es aber meisterhaft versteht, praktische Physiker für sich arbeiten zu lassen. Als man ihm als Leiter des Kaiser-Wilhelm-Instituts für physikalische Forschung 50.000 Goldmark jährlich zugesteht, verwendet er dieses Geld für Forschungsarbeiten anderer Kollegen, die ihm die »äußere Bewährung« für sein System liefern sollen. Einstein verdankt seine kreative Ausschüttungskraft also nicht nur seinem Genie, sondern auch seinem Talent als »wissenschaftlicher Manager«. Seinen großen internationalen Ruf verdankt er aber sicherlich seinen bewussten Schwimmzügen gegen den Strom. Als Professor mit ausgestreckter Zunge kennen wir ihn von zahllosen Plakaten, und er demonstriert hier, dass echte Genies stets etwas von einem großen

Kind an sich haben. Eines sollten wir dabei freilich nicht vergessen: Dass nämlich Kinder nicht nur verspielt sind, sondern oft auch eine schockierende Grausamkeit an sich haben ...

Was gibt uns Einstein heute?

Auch wenn nur wenige ihren Inhalt kennen, zählt der Begriff der Relativitätstheorie heute zum allgemeinen Standardwortschatz. Ansonsten bringt sie uns im Alltag eher wenig, es sei denn, man sucht nach einer Erklärung dafür, weswegen die Zeit in Gesellschaft dicker Lebenspartner irgendwie besonders langatmig erscheint. Einsteins Persönlichkeit aber lehrt uns viel, und zwar, dass Genies widersprüchliche Wesen sind und zu unmenschlichen Handlungen neigen. Wahrhafte Unabhängigkeit hat eben auch immer etwas Grausames an sich. Diese Erkenntnis sollte uns trösten, wenn wir mal gerade wieder unseren Mittelmaß-Blues singen.

Sepp Herberger (1897–1977): Das Runde muss ins Eckige

Leben

Josef Herberger wird als letztes von sechs Arbeiterkindern in Mannheim geboren. Gerade auf zwei Beinen, beginnt er schon zu kicken: »Es war, als ob mich störte, was da herum und mir im Wege lag; wenn es irgendwie zum Befördern geeignet schien, erhielt es einen Tritt.« Als 16–Jähriger spielt er bereits in der »Ersten« vom SV Waldhof, wo er allerdings noch für die etablierten Spieler die Koffer tragen muss. Später mausert sich der flinke und technisch versierte Stürmer zum Nationalspieler, 1936 wird er zum Reichstrainer. Er versteht es meisterhaft, sich im Machtgerangel der braunen Sportführung durchzumogeln: Um seinen Spielern den Krieg zu ersparen, erschleicht er sich Zugang zu geheimen Dokumenten, fälscht er Orden und Fronteinsätze. 1954, als Bundestrainer, dann der Triumph: Die deutsche Nationalmannschaft wird durch einen 3:2-Sieg gegen die eigentlich besseren Ungarn Fußballweltmeister. Ein Ereignis, dass dem Trainer reichlich Selbstbewusstsein gibt: »Entweder man hat's, oder man hat's nicht. Ich hab's.« Herberger stirbt 1977 am Herzinfarkt.

Freunde

Herberger predigt die von Einsatzwillen, Kameradschaft und Hingabe geprägte Opferbereitschaft: »Elf Freunde müsst ihr sein.« Er selbst ist jedoch kein Kumpeltyp, sondern »der Chef«; seinen Spielern verabreicht er exakt dosierte Einheiten aus Zuckerbrot und Peitsche.

Gegner

Herberger ist zu seinen aktiven Trainerzeiten keinesfalls so unumstritten, wie es später erzählt wird. Immer wieder wird er – vor allem wegen seinem Festhalten an älteren Spielern – vom Publikum und den Medien hart angegangen. Vor dem Triumph in Bern wird er wiederholt zum Rücktritt aufgefordert, und danach ebenfalls. Nach der für den DFB enttäuschenden WM 1962 ist seine Zeit dann abgelaufen. Das Image vom Bundes-Sepp ist zunächst nicht besser als das vom Bundes-**Berti** in den 90ern. Erst später, ab Mitte der 60er, beginnt man, ihn wie einen Monarchen von Gottes Gnaden zu hofieren.

Frauen

Das weibliche Geschlecht ist – erotisch betrachtet – für Herberger ohne sonderliche Bedeutung. Als er 1921 seine Frau **Eva** heiratet, erinnert die Szene eher an eine Kommunion als an eine Hochzeit. Die Rollenverteilung ist von Anfang an klar. »Wenn es stimmt«, spöttelt Herberger später einmal, »dass bei einer glücklichen Ehe der Mann draußen und die Frau im Hause zu sagen hat, führen wir seit 40 Jahren eine Musterehe.« Spielerfrauen duldet er allenfalls bei ausreichender Distanz, und auch das nur bei frisch verheirateten Kickern. »Nun, **Hans**, sagen Sie der **Isis** wenigstens mal guten Tag«, sprach er 1954 zum Spieler **Schäfer**, dessen Frau sich in einem Spiezer Hotel eingemietet hatte – aber er schickte **Horst Eckel** als Aufpasser mit.

Das System

Herbergers bahnbrechende Erkenntnis ist, dass für Höchstleistungen nicht nur Training und Talent ausschlaggebend sind, sondern auch Zufall (»Der Ball ist rund«) und Psyche (»Gute Kondition zeigt sich auch in Dingen, die ihren Sitz im Geistig-Seelischen haben«). Wobei für Herberger als nüchternen Realisten nach wie vor feststeht, dass Fußball »ein einfaches Spiel« ist. Das Runde muss ins Eckige, und Schluss. Mit dem legendären Satz »Nach dem Spiel ist vor dem Spiel« bringt Herberger schließlich das Lebensgefühl einer Nation auf den Punkt, die nach der Faschismus-Katastrophe nach einem neuen Selbstwertgefühl sucht: Nicht nach hinten schauen, sondern nur nach vorne, und da immer nur bis zum nächsten Ziel in Sichtweite.

Herbergers Trick

Neben seinem Weltmeistertitel, der mit einer gehörigen Portion Glück errungen wurde, sind es vor allem zwei Tugenden, die Herberger zur Legende machen. Einmal seine Standhaftigkeit, sich weder von Niederlagen noch von Siegen umbiegen zu lassen (»Gelassen im Sieg, unberührt in der Niederlage«). Und zweitens seine, wie Zeitgenossen es nennen, »kalkulierte Unaufmerksamkeit gegenüber der Geschichte«. Eine Haltung, die dem Geist der 50er entspricht: Ablenkung durch Wohlstand und sportliche Erfolge; die Vergangenheit hingegen – wie etwa Herbergers NSDAP-Mitgliedschaft –, das sind doch bloß Anekdoten.

Was gibt uns Herberger heute?

Er erinnert uns wehmütig an Zeiten, in denen die Fußballwelt noch in Ordnung war und noch nicht von intellektuellen Außerirdischen wie **Bruno Labbadia** (»Solche Sachen soll man nicht unnötig hochsterilisieren«) bevölkert wurde. Außerdem verkörpert Herbergers kantiges Gesicht mit den Segelohren wie kaum ein anderes die optimale Mischung aus Weisheit, List und Humor, ähnlich wie das Zungenportrait von Albert Einstein. Nicht zu vergessen schließlich: Herberger-Weisheiten wie »Das nächste Spiel ist immer das Schwerste« und »Ein Spiel dauert 90 Minuten« werden wie → **Nietzsches** »Der Starke ist am mächtigsten allein« sicherlich auch in 200 Jahren noch zitiert. Allein deshalb darf er in einem Lexikon der großen Welterklärer keinesfalls fehlen.

Edward Murphy (1917–1990): Wird schon schief gehen

Leben

Den Mann hinter »Murphys Gesetz« gibt es tatsächlich. Er arbeitet Ende der 50er als Ingenieur und Kapitän der US-Air-Force und beabsichtigt eigentlich gar nicht, eine allgemeine Erklärung für das Sich-Anhäufen von Missgeschicken zu geben. Er leitet vielmehr eine Testreihe, um Pilotenanwärter auf ihre Belastungsfähigkeit zu untersuchen. Dazu werden sie mit einem von Murphy entwickelten Netz von Körperelektroden ausgestattet. Eine sorgfältig ausgedachte Konstruktion, und doch klappt nicht eine einzige Messung – weil nämlich Murphys Mitarbeiter keine einzige Elektrode an der richtigen Stelle montiert haben. Murphys resignierter Kommentar dazu: »Wenn es zwei oder mehr Wege gibt, etwas zu tun, und einer davon zur Katastrophe führt, wird irgendeiner genau diesen Weg wählen.« Er hat damit lediglich die Probleme bei wissenschaftlichen Messverfahren im Visier, doch bei einer späteren Presse-Konferenz der Air-Force macht einer der anwesenden Journalisten daraus den Satz: »Wenn etwas schief gehen kann, wird es auch schief gehen«, und überträgt ihn auch gleich noch aufs Leben im Allgemeinen. So werden Legenden gemacht. Murphy selbst ist sehr unglücklich darüber – und wird damit gewissermaßen zum ersten Opfer von »Murphy's Law«.

Freunde

Wer Ausreden für Fehler und menschliches Versagen sucht, liegt mit Murphy's Gesetz genau richtig. Und da Fehler meistens dort passieren, wo es hektisch zugeht, werden wir dort auch die meisten Freunde von Murphy finden: in Architektur-Büros, Werbeagenturen, Zeitungsredaktionen und Wertpapierbörsen.
Das wenigste Verständnis für Murphys Gesetz finden wir bei Besserwissern und Oberlehrern.

Frauen

Murphy war verheiratet, das ist aber auch schon das Einzige, was wir privat von ihm wissen. Wahrscheinlich ist, dass sein Gesetz auch für die Beziehung der Geschlechter gilt. Denn wie sagte es schon **Loriot**: »Frauen und Männer passen einfach nicht zueinander.«

Das System

Neben Freitag dem 13. gehört Murphys Gesetz zu den Erklärungen, die am häufigsten herangezogen werden, um eine unglückselige Sammlung von Missgeschicken zu begründen. Die meisten Wissenschaftler freilich sehen in Murphys Gesetz weniger eine Gesetzmäßigkeit als ein Produkt unseres selektiven Gedächtnisses. Demnach graben sich Ansammlungen von Unglück einfach tiefer in unsere Erinnerung ein, während die – genauso häufigen – Ansammlungen von Glück und Gelingen recht schnell aus dem Gedächtnis herausgeworfen werden. Wie sagte schon der Philosoph → **Arthur Schopenhauer**: »Glück ist das Ausbleiben von Unglück.«

Das Geheimnis des Murphy'schen Gesetz besteht darin, dass es eigentlich gar kein Gesetz ist, sondern vielmehr die Wahrheit über menschlich-allzumenschliche Unzulänglichkeiten einprägsam auf den Punkt bringt. So ähnlich wie »Irren ist menschlich«. Solche Sprüche sind einfach für die Ewigkeit gemacht.

Was bringt uns Murphy heute?

Einige Untersuchungen belegen, dass sich mitunter auch ein Kern naturwissenschaftliche Wahrheit hinter »Murphy's law« verbirgt. Wie etwa beim Toast, der immer mit der Butterseite zuunterst vom Tisch fällt. Physiker fanden heraus, dass er gar nicht anders kann, als sich halb um seine Achse zu drehen, wenn er von Tischen herunterfällt, die für die menschliche Höhe gebaut sind. Wären wir Menschen größer als drei Meter, hätten wir auch höhere Tische, und dann könnte auch der Toast eine komplette Drehung vollziehen und »sauber« mit der Unterseite zu Boden fallen.

Die meisten der Murphy'schen Ungemache lassen sich aber durch bloße Hektik erklären: Wer erst einmal hektisch ist, wird unkonzentriert, und das erhöht automatisch die Fehlerquote. So tritt man eben in Hundekot, wenn man eilig über die Straße hastet, so nimmt man eben die falsche U-Bahn, wenn man in letzter Sekunde in die nächste offene U-Bahn-Tür springt. Und Hektik und Stress erklären auch, warum wir ein Auto immer genau dann »absaufen« lassen, wenn es uns zu einem wichtigen Termin fahren muss.

Fazit: Murphys Gesetz wird weniger zwingend, wenn man die Dinge in Ruhe und Gelassenheit angeht. Was freilich immer noch nicht erklärt, warum unerwartete Besuche sich immer dann einstellen, wenn wir mit unserem Partner mal allein sein wollen.

Klassenbucheintrag:

Wer fehlt?

Ein kleines Lexikon wie dieses muss zwangsläufig selektiv arbeiten; es können unmöglich alle großen Systematiker und Denker der Weltgeschichte darin Platz finden. Dabei hätten es neben den aufgeführten 40 sicherlich noch viele andere »verdient« gehabt, nicht nur wegen ihrer Gedanken, sondern auch wegen ihres Lebens. Sie sollen daher an dieser Stelle ihre Erwähnung finden – gewissermaßen als »Rolltreppenzaungäste«, die nicht auf den Stufen sitzen, aber auf dem Geländer mitfahren dürfen. Wobei mit dieser Sitzordnung keinerlei Werturteil ausgedrückt sein soll.

Aus der Antike empfiehlt sich als weiterer Rolltreppenfahrer **Empedokles** (ca.490–430 v. Chr.) von Sizilien, das damals noch zu Griechenland gehört. Der Dichter **Renan** charakterisiert ihn später als »einen Mann von vielerlei Talenten, halb → **Newton**, halb **Cagliostro**«. Denn Empedokles ist nicht nur Philosoph, der die vier Elemente Erde, Wasser, Feuer und Luft einführt, sondern auch Arzt, Dichter, Physiker und Demokrat. Und er hat viel von einem Guru, um den sich zahlreiche Legenden ranken. So existieren allein von seinem Hinscheiden sechs unterschiedliche Versionen. Die brutalste: Er hat sich selbst erdrosselt. Die spektakulärste: Er hat sich in den Ätna gestürzt. Die peinlichste: Er ist vor Altersschwäche aus einem fahrenden Wagen gefallen.

Noch mehr posthumen Ruhm erntet **Diogenes** (ca.400–323 v. Chr.), der Philosoph aus der Tonne. Nichts verachtet der Mann mehr als Eitelkeit und Geschäftigkeit. Seinen Lebensunterhalt bestreitet er durch Betteln, wobei er sogar einmal die Statuen Athens anbaggert. Als man

ihn fragt, was er denn damit bezwecke, antwortet er: »Ich übe mich im Nichtsbekommen.« Legendär, wie er Alexander dem Großen zuraunzt, er solle ihm aus der Sonne gehen. Dergleichen Spottlust und Respektlosigkeit verschafft Diogenes den Namen »Kyon« (der Hund), weswegen man noch heute Menschen von seinem Schlage als »Zyniker« bezeichnet.
Da kommt **Seneca** (4 v. Chr.–65 n. Chr.) schon seriöser daher. Der römische Staatsmann brilliert nicht nur als Vertreter der → **Stoa-Philosophie**, sondern auch als Anwalt, Senator – und als Erzieher von Kaiser Nero, dessen schizophrenen Wahnsinn er jedoch nicht bändigen kann. Am Ende wird Seneca von seinem Zögling sogar zum Selbstmord gezwungen.
Den Vertretern der so genannten **Scholastik** ist demgegenüber ein friedlicheres Hinscheiden vergönnt, denn sie leben ja überwiegend im Kloster. Einer von ihnen: **Anselm von Canterbury** (ca. 1033–1109). Sein größter philosophischer Trick: der Gottesbeweis. Seine Beweisführung: »Gott ist dasjenige, größer als welches nichts gedacht werden kann; wäre nun Gott allein im Intellekt vorhanden, so ließe sich noch etwas Größeres denken.« Doch, so Anselm weiter, das ginge nun einmal nicht, wir können nichts Größeres denken als Gott. Ergo muss Gott wirklich existieren, als etwas, das unabhängig von unserem Intellekt da ist. Kritiker von Anselm geben später zu bedenken, dass man mit Anselms Beweisführung so ziemlich alles beweisen könne, sogar die Existenz von Mondkühen.
Es sollen freilich noch einige Jahrhunderte vergehen, bis sich die Gedanken der großen Philosophen und Dichter endlich von Gott befreien können. Doch dann kommt es umso dicker. Wie etwa mit **Giordano Bruno** (1548–1600). Ursprünglich ein Dominikanermönch, bringt er den Klerus gegen sich auf, indem er das Universum als »Einziges und Unendliches« bezeichnet, das von nichts

anderem erzeugt wurde, und aktuell auch von nichts anderem gelenkt wird. Gott als einsamer Rosslenker des Weltengespanns hat also in Brunos Philosophie keinen Platz mehr. Das ist natürlich Wasser auf die Mühlen der kirchlichen Inquisition, die den aufmüpfigen Denker denn auch auf den Scheiterhaufen schickt. Das Feuer brennt schon, als man ihm noch einmal ein Kruzifix vorhält, um ihn im letzten Moment zur Einkehr zu bewegen. Doch Giordano Bruno wendet sich nur mit verächtlicher Miene ab. Eigentlich der Stoff, aus dem Helden gemacht sind. Doch das puritanische Hollywood wird sich wohl kaum eines Ketzers annehmen, dort sind eher Typen wie **Thomas von Aquin** (1226–1274) angesagt. Der bekommt zwar auch Ärger mit seiner Kirche, doch man bedroht ihn nicht mit dem Tode, sondern schickt ihm sogar eine Kurtisane, um ihn auf Richtung zu trimmen. Der heilige Thomas freilich schlägt die arme Frau mit einem brennenden Holzscheit in die Flucht. Das ist ein Stoff, mit dem man sogar den »Vorstadt-Neurotiker« von Woody Allen in den Schatten stellen kann.
Nach Giordano Bruno entwickelt sich die Philosophie immer mehr in Richtung Wissenschaft, und hier ist **Francis Bacon** (1561–1626) zu nennen. Ein ganz und gar weltlicher Denker, der es in England zu hohen politischen Würden bringt. Schade nur, dass sein wissenschaftliches Hauptwerk ein Torso bleibt. Doch selbst damit setzt er bereits Maßstäbe. Weltweite Berühmtheit erlangt sein Satz »Wissen ist Macht«, in dem die Naturbeherrschung als das Ziel von Wissenschaft zum Ausdruck kommt. Den britischen Hof zu beherrschen, dies gelingt Bacon freilich nicht: Er wird beschuldigt, Geschenke und Bestechungsgelder angenommen zu haben. Heute wie damals eigentlich nichts Neues, doch es reicht, um Bacons politische Karriere abrupt zu beenden.

Alles andere als einen Torso hinterlassen die großen Systematiker **Baruch de Spinoza** (1632–1677) und **Gottfried Wilhelm Leibniz** (1646–1716) ihrer Nachwelt. Unter dem Einfluss von → **Descartes** schaffen sie riesige philosophische Systeme – so riesig, dass man später Leibniz sogar als »letzten Universalgelehrten« der Geschichte bezeichnen sollte. Ein Attribut, das in seiner Unbescheidenheit wohl auch **Johann Wolfgang von Goethe** (1749–1832) gerne für sich vereinnahmt hätte. Doch der Erfinder des »Faust« ist ein rettungsloser Idealist und als solcher auf steter Suche nach dem Ur-Einen hinter den konkreten Erscheinungen, so dass ihm echte wissenschaftliche Erkenntnisse versagt bleiben. So bereist er die halbe Welt in seinem vergeblichen Bemühen, die Ur-Pflanze als Mutter aller Pflanzen zu finden. Genauso wie er hinter den Frauen das »Ewig-Weibliche« vermutet. Möglicherweise eine Erklärung dafür, weswegen Goethe Probleme damit hat, sich auf ewig mit dem Konkret-Weiblichen zu verbinden. Denn es dauert immerhin 18 Jahre und fünf uneheliche Kinder, bis er seine »kleine Hausfreundin« Christiane Vulpius zum Traualtar führt.

Starke Bindungsängste zeigt auch der dänische Philosoph **Søren Kierkegaard** (1813–1855). Seiner großen Liebe Regine Olsen gibt er den Hans-Dampf-in-allen-Gassen, damit sie ihn endlich vergisst. Und als sie sich endlich jemand anderem zuwendet, arrangiert er »zufällige« Treffen mit ihr, damit sie ihn möglichst nicht vergisst. Doch kann man von jemandem, der Bücher wie »Furcht und Zittern« und »Die Krankheit zum Tode« verfasst hat, unbedingt eine fröhliche Liebes- und Lebensbejahung erwarten?

Kierkegaard gilt als Wegbereiter des Existenzialismus, der aber in den meisten Köpfen wohl eher mit **Jean-Paul Sartre** (1905–1980) verbunden ist. Der Kernsatz von dessen Philosophie lautet: »Der Mensch ist nichts anderes als das, was er aus sich macht.« Klingt nicht unbedingt weltbewegend, doch Sartre verfasst zu diesem Thema unzählige Bücher und Theaterstücke. Und er macht Schlagzeilen. Beispielsweise dadurch, dass er zuerst den Stalinismus predigt, wenig später aber die kommunistische Partei verlässt und für ein Drehbuch über → **Sigmund Freud** 25.000 Dollar kassiert – ein für damalige Verhältnisse unglaubliches Honorar. Provokant auch, wie er 1964 den Nobelpreis für Literatur verweigert. Noch provokanter aber ist das Verhältnis mit seiner Dauergeliebten **Simone de Beauvoir** (1908–1986), der es einfach nicht gelingen will, von dem redegewaltigen Egomanen loszukommen. Wobei diese Liaison keinesfalls nach dem Muster »Die Schöne und das Genie« gestrickt ist. Denn spätestens mit ihrem Buch »Soll man → **Marquis de Sade** verbrennen?« zeigt die Beauvoir einen Freigeist, der bei ihrem Freund allenfalls als Lippenbekenntnis existiert.

Wie man überhaupt vorsichtig sein sollte, in berühmten männlich-weiblichen Philosophenpaaren das Genie bloß auf der männlichen Seite suchen zu wollen. Denn oft genug ist es genau anders herum. Wie etwa bei **Hannah Arendt** (1906–1975) und **Martin Heidegger** (1889–1976). Nur wenige kennen die messerscharfe Kulturkritik der jüdischen Soziologin und Schriftstellerin, während Heideggers »Sein und Zeit« zum philosophischen Standardwerk mutierte, obwohl kaum jemand die Lektüre dieser monströsen Schwafelei lebend überstehen kann – und obwohl Heidegger aufgrund seiner Verstrickungen mit dem Faschismus keineswegs das ist, was man heute als »political correct« bezeichnet. Doch die Kulturgeschichte ist eben oft ungerecht. Vielleicht liegt es ja daran, dass sie in erster Linie von Männern betrieben wird.

Personenregister

(über **halbfett** gesetzte Personen gibt es im Buch einen eigenen Artikel)